可怕的2岁，
恐怖的3岁

贾杜晶 / 著

哈尔滨出版社
HARBIN PUBLISHING HOUSE

图书在版编目（CIP）数据

可怕的 2 岁, 恐怖的 3 岁 / 贾杜晶著. —哈尔滨：
哈尔滨出版社，2023.6
ISBN 978-7-5484-7288-9

Ⅰ．①可…　Ⅱ．①贾…　Ⅲ．①学前儿童—家庭教育
Ⅳ．①G781

中国国家版本馆CIP数据核字（2023）第100264号

书　　名：可怕的2岁，恐怖的3岁
KEPA DE 2 SUI, KONGBU DE 3 SUI

作　　者：贾杜晶　著
责任编辑：李维娜　尉晓敏
封面设计：主语设计

出版发行：哈尔滨出版社（Harbin Publishing House）
社　　址：哈尔滨市香坊区泰山路82-9号　　邮编：150090
经　　销：全国新华书店
印　　刷：天津文林印务有限公司
网　　址：www.hrbcbs.com
E-mail：hrbcbs@yeah.net
编辑版权热线：（0451）87900271　87900272
销售热线：（0451）87900202　87900203

开　　本：710mm×1000mm　　1/16　　印张：13.5　　字数：160千字
版　　次：2023年6月第1版
印　　次：2023年6月第1次印刷
书　　号：ISBN 978-7-5484-7288-9
定　　价：49.00元

凡购本社图书发现印装错误，请与本社印制部联系调换。
服务热线：（0451）87900279

可怕的 2 岁

当不满 1 周岁的孩子躺在床上，只会对着我们"咿咿呀呀"的时候，我们总盼着孩子快点儿长大，可是等孩子终于会跑会跳，能够开口说话了，我们却发现，原本乖巧可爱的小天使，不知从什么时候开始，突然变成了一个让人头疼的小"恶魔"：

稍不如意，就哭闹、撒泼、打滚；

"不"字挂嘴边："我不，我不，我就不"；

重度强迫症：什么都得按自己的顺序来，不然情绪立马爆发；

强烈的占有欲："我的，我的，都是我的"；

和父母唱反调：你让他往东，他偏偏往西，就不听话；

……

大女儿程程两三岁时喜欢顶嘴，我们跟她说，面粉是用来做面食的，她却把面粉撒向空中当雪花；我们告诉她下雨时容易着凉感冒，她偏偏喜欢去外面踩水坑……二女儿希希即将 2 岁，也有了叛逆的迹象，我说小石头不能吃，只能拿来玩，她听完我的话，反而把石头塞进嘴里，用牙齿轻轻一咬，然后"噗嗤"一笑。看到这些，我没有觉得可气，相反，我和先生还为此感到欣喜，因为这表明孩子有了自我意识，她们的心智在成长。

这一阶段的孩子，占有欲非常强，看见什么东西都会说"我的，我的"，这是因为他们的自我意识已经开始萌芽，他们此时还无法从别人的角度看问题，而是认为什么都是自己的，所以会出现以自我为中心的现象。对此家长要对孩子多一些包容和理解，及时引导孩子学会分享。另外，这一阶段的孩子似乎有点儿强迫症——他的玩具都要按照顺序排列好，甚至还要按照大小和颜色分类摆放。孩子之所以会出现这种"可怕"的偏好，是因为他的"秩序敏感期"到了，他只是想按照自己的方式，去构建一个有序的世界。

恐怖的 3 岁

孩子进入 3 岁之后，并不会像父母所期待的那样，长大 1 岁会更乖一些。相反，3 岁的孩子淘气起来，破坏力比 2 岁孩子有过之而无不及。如果我们用"可怕"来形容一个 2 岁的孩子，那么，形容 3 岁的孩子只能用"恐怖"了。

我们来看看 3 岁孩子有哪些"恐怖"行为：

破坏性极强：撕书、摔东西、拆玩具、乱涂乱画；

倔强又固执：想要什么必须得到，想做什么必须要做，否则就大哭大闹；

喜欢诅咒、说脏话：动不动就说"我要打死你"，每天"屎尿屁"不离口；

挑战规则和底线：故意破坏规矩，不断提要求、讲条件，不达目的不罢休；

和同伴冲突不断：争抢玩具、争抢先后顺序，一言不合就打架；

强烈的探索欲：对什么都好奇，天不怕地不怕，随时把父母惊出一身冷汗；

……

这些淘气的行为表现，都是孩子在这一阶段的发展特点，我们父母要做的事情就是努力破解这些行为背后的密码，找到适合孩子成长的教育方式。撕书、摔东西、拆玩具是因为他充满了探索欲；喜欢诅咒、说脏话，说明他到了语言能力爆发期，想体验一下语言的威力；和同伴争抢玩具、冲突不断，说明他到了社交敏感期，他想通过自己的方式来尝试解决社交难题。当我们面对这样一个"恐怖"的孩子时，不要生气，不要斥责，不要打骂，因为这不仅是孩子身心发展过程中的典型表现，也是引导孩子的良好契机。

总之，两三岁孩子的生活充满了"可怕"与"恐怖"，这些"可怕"和"恐怖"的行为，正是孩子身心高速发展的具体表现。作为父母我们不要对此感到头疼和麻烦，而应当尊重孩子的成长规律，接纳孩子、保护孩子、引导孩子，满足孩子的发展诉求，为孩子提供一个更好的发展空间。

目 录

下篇　3 岁，学习力爆发——保护孩子的探索欲

第 12 章　把成长危机变成转机——引导 3 岁孩子的技巧

2岁，

自我意识觉醒——尊重、接纳、引导成长

第1章

从"乖乖的2岁",到"可怕的2岁"

眼看着襁褓中的那个小婴儿一天天地长大,变得越来越乖巧可爱,我们喜上眉梢。可是好景不长,他不知从何时起变成了一个让人头疼的"小恶魔":凡事喜欢对着干,稍有不顺心,就哭闹、撒泼、打滚,甚至动手打人——"可怕"的2岁到来了。

瞬间从"小天使"，变成"小恶魔"

孩子 1 岁之前，我们看着那个走路跌跌撞撞像小鸭子一样可爱的婴儿，觉得他是世界上最乖巧的天使。每天，我们给孩子准备好当天要穿的衣服，孩子"咯咯咯"地笑着，只等着穿好衣服出门去玩；我们做好的饭菜，无论是面条还是米饭，只要喂给孩子吃，孩子就全部笑纳。

可是这么乖巧的孩子，从 2 岁开始却突然像换了一个人儿似的，不再那么乖巧听话了。父母怕他的小脚丫着凉，给他换上舒服的鞋袜，可是他说什么也不穿，如果强行给他穿上，他就会大哭大闹；妈妈给他端来可口的面条，他却坚决不吃，甚至会一把推开；妈妈觉得沙池有点儿凉，想让他去滑滑梯，可是他执拗地一次次挣脱妈妈的手，偏偏要跑到冰凉的沙池里去玩沙子，一坐就是大半天……这种突然而来的转变让父母开始觉得疑惑，那个原本乖巧可爱的"小天使"哪里去了，怎么突然变成了一个凡事对着干的"小恶魔"呢？

对于孩子的这些表现，很多父母为此感到苦恼和焦虑，担心孩子的性格出现了问题，其实当我们了解了孩子的成长规律之后，就会明白一个道理：这种看似"可怕"的表现，恰恰说明孩子正在积蓄力量进入一个新的成长模式。要知道，孩子的成长是一种螺旋式上升的过程,他经历过叛逆、对抗的情绪之后,才会进入下一个崭新的人生阶段。

二女儿希希快 2 岁了,最近我发现,她明显变得不如以前听话了。以前出门前,我给她准备好衣服和袜子,她都会乖乖地坐在我的怀里,等着我给她穿好衣服,然后带她出门去玩耍。但是最近,她突然变得执拗了很多,比如出门前,她会哼哼唧唧地要找她那只玩偶小熊猫,想要带着小熊猫一起出门,因为在她的意识里,她和那只小熊猫是不能分开的。如果你不给她带上小熊猫,她就会在路上扭头看着家的方向,嘴里不停地喊着"猫猫、猫猫"。吃饭的时候,桌子上摆满了各种饭菜,我给她盛了一小份面条,可是她却喊着"不吃不吃",然后努力撑起弱小的身子,用手指着桌子上的其他食物,非要我夹给她吃。

当希希出现这些变化时,我的第一反应是开心,而不是焦虑,因为小小的人儿已经开始有了自主意识,她不再顺从父母的意见,而是有了独立的想法。即便这些想法在多数家长看来,有点儿幼稚、可笑,但我知道这是她成长过程中的必然,只要合理引导就可以了。

于是我试着改变自己的养育方式,努力把希希当成一个独立的个体去对待。当她不喜欢吃面条时,我会耐心地依次指着桌子上的土豆、青菜和肉丝询问他——"不要土豆""不要青菜",当我指到肉丝时,她笑着点了点头,欢快地回应着我的试探。我知道,我猜透了她的心思,尽管她还无法说出一句完整的话语来,但是我倍感自豪,因为我和小小的人儿之间已经建立起了沟通的桥梁,我愿意尊重她的选择和意愿,而她也对我的理解做出了愉悦的回应。从她那飞快扑腾着的小腿以及笑得眯成细缝的眼睛里,我看到了她的满足和开心。

面对孩子种种看似"可怕"的表现时,父母如果能够以一种正确的眼光去看待,那么孩子依然会是你心中那个可爱的"小天使",从未改变。

我不赞成在孩子小的时候，就给孩子贴上标签，比如“脾气暴躁”“性格孤僻”“天生好动”“生性冷漠”等等。对大多数孩子而言，他们在特定的发展阶段，会有特定的行为表现。当他使劲噘着小嘴巴，说出“不不不”的时候，其实是在跟父母表达自己的独立想法，我们没必要处处“打压”他。成长需要时间和耐心，在陪伴孩子成长的过程中，我们要始终记得，孩子的成长是螺旋式上升的状态，我们要跳出惯性思维的怪圈，重新换个角度，去看待孩子这些“可怕”的表现。

凡事对着干：我不，我不，我就不

1 岁以后，随着大脑皮层的发育，幼儿高阶认知能力开始萌芽，包括自我意识和个性意识。孩子慢慢开始将自己的感受和意愿与其他人区分开来，通过说"不"表达自己的意愿和主张，同时通过说"不"将自己和他人区分开来。当孩子成长到 2 岁左右时，父母会发现孩子的叛逆行为越来越明显，凡事都喜欢跟大人对着干，你让他往东，他偏偏要往西。

希希有一个经常在一起玩的小朋友，名字叫可可。与希希相比，可可的叛逆表现更严重一些。每次奶奶带他出来，一路上都在跟他的"不不不"做对抗。出门的时候，别的小朋友会坐着小推车出来，但是可可偏不，他固执地认为小汽车最酷，所以每次出门，他都要坐在那个玩具汽车上，然后让奶奶拉根绳子，拉着他去公园玩。滑滑梯的时候，别的小朋友从上往下滑，但是可可觉得从下往上爬更有意思，每次都要让奶奶在滑梯下面扶着他往上爬。去外面玩的时候，妈妈怕可可冷，想给可可戴一条围巾，可是他偏偏不喜欢围巾，妈妈一戴上，他就一把扯下来，无论妈妈如何劝说，他就是不听。

时间久了，可可的妈妈和奶奶逐渐失去了耐心。出门前，可可坚持要坐小汽车的时候，奶奶一把把可可按进了手推车里，急匆匆地就往外走；可可想从滑梯下面往上爬的时候，奶奶直接拎着可可往滑梯台阶上一推，让他从上往下滑；可可不喜欢戴围巾，妈妈不管不顾，把围巾打个结系在他的脖子上，可可就在号啕大哭中出门了。

其实，可可妈妈和奶奶的这种处理方式，是很多失去耐心的家长通常会采取的办法，因为这种办法最简单、直接，也不费力气。但是家长往往忽视了一个问题，那就是简单粗暴的教育方式会对孩子的性格塑造带来不可逆的后果，孩子长大之后，也会学着大人的样子，用暴力方式去压制不同的意见。除此之外，一个自我意识刚刚萌芽就被父母的专制和暴力压制的孩子，会变得过于顺从和听话，凡事喜欢听从父母的意见和建议，变得毫无自信和主见。

另外，需要注意的是，如果父母一味纵容孩子，也容易让孩子养成偏执的性格。一些习惯用"不"来解决问题的孩子，如果长期缺乏正确的教育和引导，长大之后也会习惯用"不"来表达自己的意见。所以，最好的解决办法是，让孩子在说"不"的同时，也学会倾听其他人的合理建议。那么，究竟应该如何跟一个喜欢说"不"的孩子正常交流呢？

1. 多给孩子提供几种选择

当孩子总是说"不"时，建议父母不妨多给孩子提供一些选择，比如，你不要对孩子说"宝贝，该吃面条了"，而是可以改变一种询问方式，比如这样问："宝贝，你想吃面条还是米饭？"再比如，想让孩子戴围巾的话，可以这样问他："宝贝，你是现在戴围巾呢，还是等会儿到游乐场再戴？"当我们给孩子提供了多种选择时，孩子就会不由自主地选择一种方式，而不是直接对抗。

2. 尽量以温柔的语气跟孩子沟通

孩子跟父母对抗的时候，父母说话的语气反而要更加温柔，因为激烈的语气往往更容易激起孩子的逆反心理,叛逆会让孩子意识到"我"的存在,意识到"我"有自己的想法和意愿,和他人不同。二女儿希希以前在学习自己如厕时有一个习惯,那就是非要脱掉袜子,我按住她的小手,努力告诉她没这个必要,但是希希每次都偏执地说着"不不不"。后来我改变了方式,她想脱袜子的时候,我不再伸手阻拦,而是笑着告诉她"小脚丫会冰冰",慢慢地,她不再坚持自己的做法,还会附和着我说"冰冰、冰冰",然后不再脱袜子了。

3. 无关紧要的事情,尊重孩子的意愿即可

在一些无关紧要的事情上,父母没必要总是跟孩子过不去。其实,这也是一个换位思考的问题,我们认为孩子总喜欢对我们说"不",喜欢跟我们对着干的时候,我们有没有反思一下,我们非要让孩子按照我们的意愿去做事也是一种对抗呢?所以在一些无关紧要的事情上,我们完全可以尊重孩子的想法,放手让孩子自己去选择。

总之,从儿童发展的角度来看,这种喜欢说"不"的叛逆行为,恰恰说明孩子的自我意识已经开始觉醒了,父母应该为此感到高兴,而不是头疼。

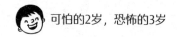

自我意识敏感期：我的，我的，都是我的

　　敏感期是孩子获得某种能力最重要的时期，父母应该善于抓住孩子的敏感期，在敏感期教育孩子，往往会有事半功倍的效果。如果引导孩子顺利度过了这段敏感期之后，孩子的心智则会从一个较低的阶段发展到一个更高的阶段。因此，父母应该对孩子的敏感期有一个充分的认识。孩子从1岁半开始，逐渐有了自我意识，而自我意识是孩子敏感期最重要的一项内容，在自我意识敏感期，孩子如果能够对"自我"有一个充分的认识和把控，那么未来他将会获得更独立的人格和强大的内心。

　　通常情况下，处于自我意识敏感期的孩子会有以下三种表现：第一种表现是强烈的占有欲，喜欢将物品占为己有，认为"这是我的"；第二种表现是，孩子喜欢将"不"挂在嘴边，凡事与父母对着干，"不吃""不睡""不行""不要"，等等；第三种行为表现是，孩子的情绪突然变得激烈起来，当他的意愿得不到满足之后，他就会大哭大闹，甚至会做出攻击性行为。

　　如果有一天，你发现之前表现大度的孩子突然变得小气，喜欢把自己的物品紧紧地护在怀里，谁拿走都不行的时候，那么父母应该意识到，这是孩子的自我意识敏感期到了。

我发现,二女儿希希 1 岁半时就有了自我意识。我和姥姥带她去公园里的游乐场玩耍,有一个小男孩跑过来伸手想让姥姥抱一下。这时候,原本正专注滑滑梯的希希突然走了过来,伸出小手,哼哼着撒娇,非要让姥姥抱自己。这说明,在她心里姥姥是她的"专属",只能抱她。除此之外,她对玩具也表现出了强烈的占有欲望,在她玩耍的时候,如果有别的小朋友过来碰一下她的玩具,她就会紧张地把玩具护在怀里。

在这种情况下,我并没有强迫希希把自己的玩具拿出来分享,而是走到希希面前,询问希希的意见,问她愿不愿意把玩具让给别的小朋友玩。有的时候希希会思考一下,然后递给对方一个玩具,也有的时候希希会表现得非常倔强,不愿跟对方分享玩具。但是,无论希希做出怎样的选择,我都会尊重她的决定,因为这件物品是她的,她对这件物品有独立的处理权。但与此同时,我也会告诉希希:"大家一起玩耍才开心,你把玩具借给小朋友玩,下次也会有小朋友把玩具借给你玩。"我在尊重孩子对物品的决定权的时候,也会把分享的道理讲给孩子。我知道,当她度过了这段自我意识敏感期之后,会对"分享"有更深刻的理解和领悟。

正因为我很好地保护了孩子对物品的占有欲望,才让孩子更好地建构起了一个很有安全感的"自我",当孩子度过了自我意识敏感期之后,我发现,无论是大宝程程,还是二宝希希,反而更早地学会了分享。程程很小的时候,就愿意拿出自己的玩具跟别的小朋友分享,我带她去小河边喂鱼,身边站着几个小朋友,不用我提醒,她就会把面包掰成几块,给站在身边的小朋友每人分一块,然后大家一起开开心心地喂小鱼。当身边的小朋友对物品表现出执着的占有欲望时,希希也表现得比较大度,愿意把玩具递给别的小朋友一起玩耍。

我想，这份收获恰恰来自于我对孩子"物品所有权"的尊重。当孩子认为"这是我的东西"时，我会一再跟孩子强调："宝贝，这是你的东西。"当别人想拿她的玩具时，我会蹲下身来，认真询问孩子的意见："把你的玩具借给小朋友玩一会儿好吗？"她愿意分享，是她的权利；她不愿分享，也是她的权利。我不会用大人的权威去强迫她，更不会直接从她的手里夺走玩具。这样，孩子才会对属于"自我"的东西有一份强烈的安全感，她会认为："我的就是我的，即使别人暂时拿走一会儿，它也是我的东西，不会丢的。"

对于自我意识开始萌芽的孩子而言，当他"自私"地护住自己的东西时，你应该感到惊喜，而不是尴尬和气愤。当你用"尊重"保护了他的安全感之后，慢慢地，他才愿意放心、大胆地跟别人分享自己的东西。

情绪大爆发：动不动就哭闹、翻脸

俗话说：孩子的脸，六月的天，说变就变。刚才还因为一个玩具兴奋得哈哈大笑的孩子，转瞬间就不知道为什么哇哇大哭起来。因此，家长每时每刻都要准备好与孩子的负面情绪做斗争。根据电视节目《最强大脑》的评委魏坤林的说法，这是因为2岁孩子的大脑发育不均衡，他的"情绪脑"比"理智脑"发育得早很多，导致他无法用理智很好地抑制自己的情绪。

我们经常看到2岁左右的孩子因为得不到心爱的玩具，或者其他要求得不到满足时，而突然情绪大爆发，父母怎么哄都没有用，这正是因为孩子的理智无法很好地管控他自己的情绪。

有一次，我们陪程程去游乐场玩，游乐场里有个"捞小鱼"的项目，就是给每个孩子发一个渔网和一个小桶，然后孩子们用渔网捞里面的小鱼。正当大家兴致勃勃地捞小鱼玩时，人群里突然爆发出一阵凄厉的哭声。大家循声望去，原来有个2岁多的小女孩不小心把一条刚捞上来的小鱼掉进了水池里。只见小女孩一边尖声哭泣，一边用小手拍打着水池的边缘，生气地喊道："妈妈，我就要刚才掉的那条小鱼！我就要嘛！"妈妈在一旁无奈地安慰说："宝贝，咱们重新捞一条好不好？"可是，小女孩根本听不进去妈妈的安慰，只是一个劲儿地发脾气哭闹道："不行，我就要刚才那一条！"

通过这个例子我们也能够看出，2岁孩子的情绪表现，与他的直观感受密切相关，他遇到了开心的事情，就会表现得很兴奋；遇到了伤心的事情，就会表现得很难过。就像例子中的小女孩，尽管妈妈努力安慰她"我们再捞一条好不好"，但是孩子并没有在意妈妈的安慰，她只在乎"我好不容易捞到的小鱼跑掉了，我很难受"这种直观感受。

孩子得不到心爱的玩具，就会哭闹、撒泼、打滚，大人觉得因为这样的小事而发脾气，实在无法理解，可是在孩子的世界里，他只在乎他看到的事实，只相信自己当下的直观感受，那就是"我得不到我心爱的玩具了，没有比这再可怕的事情了"。此时此刻，他根本听不进去父母的任何劝告，"宝贝，改天再买那个玩具好吗""家里已经有同样的玩具了""你现在不要再闹了"这些劝告统统都被他自动屏蔽掉了。

这个发现提醒我们，当2岁孩子陷入负面情绪，苦苦挣扎时，父母没必要花费太多的时间去给孩子讲大道理，因为这些大道理在孩子眼里，远不如他的痛苦情绪重要。这时候，最好的解决办法就是转移孩子的注意力，将孩子的直观感受，从一件伤心的事情转移到另一件开心的事情上来，这样孩子的情绪很快就会转变过来。

有很强的攻击性：打人、咬人

提到爱打人、咬人的孩子，有些家长的意见就是：对于这种熊孩子最好的教育方式就是狠狠地揍一顿，揍到他下次不敢打人、咬人为止。当这种想法呈现一边倒的倾向时，人们很容易忽视打人这种行为需要分年龄阶段来看待。对一个2岁左右的孩子而言，当他做出一些具有攻击性的行为时，其实并不是真正意义上的打人、咬人，有可能只是因为孩子不懂得如何与人打招呼，他只是想通过这种方式来吸引对方的注意；还有可能是因为孩子处于愤怒的情绪状态之下，无法用语言表达自己的想法，就会下意识地做出一些攻击性的动作，这些攻击性动作在大人眼里，很容易将它定性为打人。当然对于3~7岁这个阶段的儿童而言，如果孩子依然喜欢做出一些攻击性的行为来，那么父母就应该反思自己的教育方式了。

我带希希去公园玩耍，曾碰到过这样一个小女孩。小女孩看起来2岁左右的样子，她的爷爷带着她在滑滑梯。当小女孩发现滑梯上有一个跟她年纪相仿的孩子挡住了她的去路时，她怔怔地看了对方一眼，然后伸手推了对方一下，径直走

了过去。看到这一幕，小女孩的爷爷在下面大声呵斥："不要动手打小朋友，听见了没有！"小女孩看了爷爷一眼，飞速从滑梯上滑了下来。

这时候，爷爷走到小女孩身边，严厉地告诉小女孩："打人是不对的，你要再敢打人，我马上带你回家。"看着发怒的爷爷，小女孩儿似懂非懂地点了点头。可是不一会儿，当小女孩与几个小朋友一起在蘑菇伞下玩捉迷藏时，玩得兴起的小女孩抬起额头，"咚咚咚"地碰一个小男孩的额头。被碰疼的小男孩"哇"的一声大哭起来，小女孩的爷爷看见这一幕非常生气，大声指责小女孩："你又动手打人，现在跟我回家。"说完便怒气冲冲地拽着她离开了游乐场。

看到这样的情形，不光是小女孩的爷爷觉得非常尴尬，在任何旁观者看来，都会下意识地认为小女孩是一个具有暴力倾向的孩子。在做妈妈之前，如果碰到这样的情形，我也会认为小女孩的父母有些失职，怎么能把孩子培养得这么骄横跋扈？但是等我了解了2岁孩子的发育特点之后，我便能够相对理智地看待这种行为了。2岁的孩子并不算"熊孩子"，因为他连"熊"的含义都不懂，就像案例中的小女孩，即便她做出了推搡对方或碰触对方额头的行为，她也没有意识到这种行为不正确，或许她连"打人"这个词的含义都不懂。

尽管2岁孩子的自我意识已经有了萌芽，但是他对于社交并没有清晰的概念，在与同伴玩耍的时候通常会表现出"平行游戏"的倾向，也就是自顾自地玩耍，没有互动意识。比如，有好几个孩子一起在沙滩玩耍，通常的情况是你玩你的沙坑，我堆我的城堡，大家井水不犯河水，但是如果你妨碍了我的游戏，比如挡了我的路，或者拿了我的玩具，那么我就会表现得很生气或很愤怒，而解决问题的方式就是直接推开你，或者把我的玩具抢过来。

孩子的这种行为，只是一种笨拙的解决问题的办法，主观上并没有恶意。然而，这些行为在作为旁观者的大人眼里，却是实实在在的打人行为。案例中小女孩的爷爷能及时劝阻自己的孙女不要对别人动手，这种行为值得赞扬，但是爷爷不该把孩子定义为一个"爱打人的小孩"。因为这些行为只是一个不懂社交，又没有足够的语言表达能力的孩子，在面对困扰时所做出的下意识反应而已，至于"碰额头"这种行为，那是孩子表达快乐和兴奋的一种方式。我的女儿希希，每当高兴的时候也会把自己的额头跟我的额头碰一碰，然后咧嘴笑一笑，表达"我现在很开心"。只不过孩子的这些正常表现，容易被大人误解。

等孩子再长大一点儿，有足够的能力表达自己的意愿时，他便不再通过这种简单粗暴的动作来表达自己了。比如，当他觉得对方挡了自己的道路时，他会跟对方说："你可以让开吗?"而不是简简单单地把对方推开，自己径直走过去；等他长大一点儿，就能学会很多种表达开心的方式，比如拉手、微笑，甚至还可以用语言说"我很喜欢你"，而不会像现在这样，拿自己的额头去触碰别人的额头，把对方碰得"哇哇大哭"了。

第2章

语言敏感期——2岁孩子的语言发展

　　2岁是孩子的语言敏感期，这一阶段的孩子喜欢听大人说话，而且听什么学什么，尤其是喜欢说"不"。他们虽然还不能说出完整的句子，但却有自己独特的"电报句"表达方式。

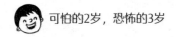

2~3 岁是孩子口语发展的最佳年龄

从 2 岁开始，孩子的语言能力便进入一个飞速发展的阶段，他口中能蹦出更多的词语，比如"花花、树树、猫猫、叔叔、阿姨、爷爷、奶奶"等，而且他还会表达自己的意愿，比如"不吃、不要、不给"等。父母应该抓住孩子口语发展的最佳时机，多与孩子说说话，这样孩子的语言能力才能得到最大限度的开发。

想必大家都听说过狼孩的故事吧。

山东济宁曾有一位姓袁的男子，因为妻子得了精神病，生活不能自理，而他又要外出做工赚钱养家糊口，因此只好把妻子和孩子锁在屋里，防止他们到处乱跑，遭遇危险。在这种生活环境下，被锁的小男孩极少与人交流沟通，因此基本丧失了正常的语言沟通能力，直到 12 岁被志愿者发现时，他也只会喊"爸爸、妈妈"。

这个真实的案例告诉我们，对一个孩子而言，如果错过了语言发育的敏感期，那么他的语言能力与正常孩子相比，就会落后很多。

对此我深有体会，我的大侄子开口说话比较晚，他 2 岁多的时候，只会说"爸爸、妈妈、爷爷、奶奶"几个简单的词语。后来，我让妈妈带着侄子来北京和大女儿程程一起玩一段时间。在来的车上，每路过一个地方，我就反复把那个地名念给侄子听，结果我发现，侄子一路上竟然能说出好几个地名。到了北京之后，我给程程和侄子准备了一些绘本，每天晚上坚持给他们阅读；一有空，我就跟孩子们聊天、说话；到了公园，看到花朵，我就教孩子们反复说"花朵"，看到大树，我就教孩子们跟着我说"大树"。就这样，侄子掌握的词汇量越来越丰富，慢慢地他还能说出简单的句子，比如"我要喝水""我要吃饭"，等等。带侄子的这段经历，让我深刻认识到，在孩子的语言敏感期内，父母应该多花时间陪伴孩子、教育孩子，多跟孩子交流和沟通，这样孩子的语言潜能才能得到最大程度的开发。

除了要抓住时机多教孩子词语之外，在日常的生活中，父母应该多重视以下几方面的事情：

1. 多与孩子对话

2 岁多的孩子，词汇量不是很大，很多时候，他们经常"咿咿呀呀"地说一些我们听不懂的语言，但是我们不能因为听不懂他们的"语言"，就忽视孩子的交流需求，相反我们应该耐心地与孩子聊天、对话。父母可以尝试猜一猜孩子"咿咿呀呀"的语言代表着什么，当他的"咿咿呀呀"得到父母的回应之后，孩子的交流热情也会越来越高涨。二宝希希经常对着餐桌"咿咿呀呀"地乱指一通，此时我就会积极地回应她的"语言"，问她"你是想吃土豆丝吗""你是想吃青菜吗"，当我猜中了她的意思之后，她就会兴奋地点点头。慢慢地，她就能认识更多的词语。

2. 可以给孩子买一些识字卡片

2 岁多的孩子，可以逐渐学习一些识字卡片了，市面上有很多分类识字卡片，比如人物、交通、蔬菜、水果等识字卡片，每张卡片都配有颜色鲜艳、形象生动的图案，有空的时候，可以拿出几张卡片，教孩子认识图案和名称。刚开始的时候，孩子的发音可能不是那么准确，还经常出现叠词，比如会说"果果""菜菜"等。没关系，只要孩子能开口说话就可以。慢慢地，孩子就能掌握越来越多的物品名称，这些词语是构成语言的基础，当孩子的词汇量逐渐丰富之后，他便能逐渐说出更多的话语来。

3. 多给孩子阅读绘本

从孩子2岁多开始，就可以给他准备一些简单的绘本了。晚上睡觉前，父母可以抽出三五分钟时间，给孩子讲一讲绘本。刚开始，孩子或者听不懂绘本上的内容，或者经常跑来跑去，不过没关系，父母只需要坐在孩子身边，安安静静地读给他听就可以了。另外，阅读习惯需要在孩子小时候就开始培养，在孩子语言发展的敏感期，父母应该给孩子营造安静、祥和的阅读氛围，让孩子感受到阅读的快乐。

不要觉得2岁的孩子还小，就忽视了他与人交流的需求。语言的习得与环境有很大的关系，当你跟孩子的交流越来越多后，孩子的语言潜能也会得到更好的开发。

喜欢说"不"，是这一时期孩子的语言特点

我们都知道,2 岁的孩子已经有了自我意识，与大人说话的时候，喜欢用"不"来表达自己的意见。妈妈让他吃饭的时候，他说"我不吃"；妈妈让他穿鞋子，他说"我就不"。喜欢说"不"，是 2 岁孩子的语言特点，我们没必要为此感到生气，更没必要去严厉地呵斥孩子，强行改变孩子的说话方式。

一天傍晚，爸爸从幼儿园把 3 岁的腾腾接回家，给他削了一个苹果让他吃。可是腾腾只顾着玩玩具，不断地拒绝说"不吃不吃"。爸爸听后，有些不悦。过了一会儿，腾腾觉得有点儿热，就开始脱身上的衣服，直到把上衣脱光，爸爸看到这一幕，生气地对腾腾说："快穿上衣服，小心感冒。"听完爸爸的建议腾腾依然不为所动。爸爸耐着性子说："那我帮你穿上好吗？"腾腾撇了撇嘴，对爸爸说："不穿，就不穿！"。到了这时，爸爸所有的耐心几乎都被消耗殆尽了，看着不听话的腾腾，爸爸直接从沙发上扯过外衣，强行给腾腾套在身上，全然不顾腾腾的哭闹。

腾腾爸爸不知道，喜欢说"不"，正是这一阶段孩子的语言特点，恰恰说明孩子的自我意识、语言能力正在高速发展，他们希望通过"不行""不要"等词语，来表明自己的独立意识。如果家长没有满足他们的要求，没有给他们自主的权利，他们就会表现出反抗、哭闹、发脾气等一系列的叛逆行为。

当孩子说"不"的时候，父母首先应该把这件事情当作一件开心的事情去看待，孩子具有了主观能动性，学会了表达自己的意见和主张，这难道不是一件值得高兴的事情吗？

二女儿希希快2岁了，她经常把"不不不"挂在嘴边，"不要""不吃""不可以"，等等。我和先生听到希希奶声奶气地像个小大人一样去反驳我们的意见，都会开心地哈哈大笑，这么小的孩子就能独立表达自己的意见，多么可爱啊。

在一些无足轻重的事情上，我们没必要跟孩子较真，他在某一时刻不愿意做某件事情，那就给他自由好了，等他过后想做这件事情时，再来找我们也可以。当我想让希希把剩余的一点儿粥喝完再去玩耍的时候，希希摇摇头说不喝了，我没有强迫她，而是给她提了一个建议："那你先去玩，过一会儿饿了，再来喝剩下的粥好不好？"这时，希希就会乖巧地点点头，表示同意。所以，当孩子说"不"的时候，你越强迫他，他反而越喜欢把"不"挂在嘴边。

当然，在一些相对重要的事情上，如果希希一味地坚持说"不"，我们也不会纵容她。比如，她在沙池里玩耍，把沙子扬得很高，影响到了别的小朋友，我会跟她说："不要扬得太高，会撒到其他小朋友身上。"希希听到我的批评，会下意识地说："不要"。这时候，我就不会一味地纵容她了，而会把她的沙滩玩具收起来，跟希希说："过一会儿，等希希不扬沙子了，我们再过来玩吧。"

总而言之，喜欢说"不"，是孩子在特定阶段的语言发展特点，我们没必要跟一个2岁的孩子去较真，只要把握好底线就可以了。如果事情无关紧要，我们就尊重孩子说"不"的权利；如果孩子在说"不"的时候触犯了一些底线和原则，父母只需要正确引导他去做事情就可以了。

见什么学什么，学习词汇的积极性很高

2 岁左右的孩子，对学习词汇的积极性很高，平时带他出去，孩子看见什么东西都好奇地指给大人看。这时候，大人可以把孩子所指的物品名称教给孩子，重复几次以后，孩子就能记住这件物品的名称了。在孩子的语言敏感期内，父母应该保持足够的热情和耐心以满足孩子学习词汇的欲望。

在我看来带领孩子去接触大自然，让他在大自然中学习词汇，是一个事半功倍的好办法。

程程在上幼儿园之前的时光，大部分都是在家门口的那个美丽的公园度过的。每天吃完早餐，我都会带程程一起去公园，我们俩一起在公园里探索新事物，公园的一角有做成熊猫或松鼠样子的音响，里面能发出悦耳的音乐，每找到一处，程程就会开心地走过去，摸摸它们；公园里的小河里夏天有鱼虾，我们可以带着面包去喂小鱼；有五颜六色的花朵，我和程程一起研究花朵的名称；冬天河水结冰，我们拿着简易的滑雪板在上面滑行。就在与大自然接触的过程中，程程的词汇量得到了飞速的提升，仅仅 2 岁多，她就能说出两三百个物品的名称了。

法国著名的思想家卢梭写有一本教育小说，叫作《爱弥儿》，在这本书中，卢梭将他的自然教育理念做了完整的论述。卢梭认为，2岁以内的幼儿应该多亲近自然，孩子在大自然中呼吸新鲜的空气，不仅有利于幼儿的体格发育，而且可以让幼儿充满活力。除此之外，还要对孩子进行感官教育，让孩子通过看、摸、听的办法，去发展自己的感知能力。

美国教育家杜威也说过："观察学龄前儿童的智力发展，使我们发现了一个重要的规律，这就是，幼儿时期进入儿童意识的词汇，是否鲜明，是否带有强烈的情绪色彩，在很大程度上影响甚至决定小学生记忆能力的强弱。"举个简单的例子，当我们跟孩子说"黎明"这个词时，不同的孩子会有不同的情感反应。有的孩子，听到"黎明"这个词会有强烈的情绪回应，而有的孩子对此却表现漠然，为什么会出现如此大的差别呢？这跟孩子有没有亲眼所见有很大的关系，有的孩子之所以会对"黎明"这个词能产生强烈的情感共鸣，说明他在与大自然接触的过程中看见过黎明时刻的景象，而那个对"黎明"反应平淡的孩子，也许并没有亲眼见过黎明壮丽的景色，只是在父母的话语里，或者在绘本里看到过而已。根据杜威的教育观点，在孩子幼年时期，我们应该带孩子多接触大自然，让孩子在大自然中去习得词汇、感受词汇，这样孩子才会对认识的词汇有深刻的情感共鸣。

所以，我建议在有条件的情况下，父母应该多做以下两方面的努力。

1. 多带孩子亲近大自然

有些父母非常重视孩子的早期教育，花费巨大的人力、物力、财力，把孩子送到早教机构去开发智力。这样做，也许并不是最佳的选择。在孩子2岁左右的年纪，父母应该多带孩子亲近大自然，让孩子在大自然中去学习词汇，当你告诉他"鲜花"的时候，他的眼睛真真切切地看到了鲜花；当你告诉他"大树"的时候，他的眼前呈现出大树的模样，这与干巴巴教孩子记忆这两个词汇相比，效果要好得多。

2. 反复带孩子去回忆词汇

记忆需要重复，重复几遍之后，孩子就能真正掌握这个词汇的名称了。所以，父母一定不要怕麻烦，每次带孩子去户外活动的时候，都要把之前见过的物品指给孩子看，帮助孩子回想一下这个物品的名称是什么，重复几次之后，孩子就会牢牢地记住这个物品的名称了。我带希希去接她姐姐的路上，会经过几棵大树，刚开始那几天，每次路过那几棵大树，我都会问她："希希，那是什么？"希希如果忘了，我会提醒她一次"大树"，大概经过三四天之后，再经过那棵大树时，不需要我刻意提醒，希希就会兴奋地指着它大喊"树树、树树"。

当孩子对学习词汇产生了浓烈的兴趣时，父母要做的事情，就是保持足够的耐心去回应孩子的这份乐趣，多带他接触大自然，让他在大自然中学习丰富的词汇。

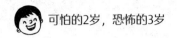

电报句：2岁孩子的语言简略而有趣

跟2岁孩子对话是一件非常挑战智力的事情，因为你需要从他的只言片语中，猜测出他想表达的意思是什么。

想要与2岁孩子进行交流和沟通，需要提前对2岁孩子的语言特征有一个全面的了解。一般而言，2岁左右的孩子最先掌握名词，比如"爸爸""妈妈""叔叔""阿姨""手手""脚脚""果果"之类的词汇，这些词汇大多都是孩子在生活中亲眼所见的物品；紧接着，孩子会学习几个简单的动词，常见的动词有"抱抱""亲亲""玩玩"等，因为这些动作，孩子能够经常从父母那里感受到；孩子最后掌握的词语是形容词，比如"红""绿"等代表颜色的词语，"大""小"等代表形状的词语，"多""少"等代表数量的词语，等等。

2岁左右的孩子无法说出完整的句子，通常情况下，他会把有限的词汇组合在一起，尽可能表达自己的意思，这时候就需要父母开动脑筋，通过两个简单的词汇猜测出孩子想要表达的意思。

二女儿希希手里抱着一只小熊猫玩偶，跌跌撞撞地走过来，然后递给我说：

"姐姐猫"。这句话在别人看来可能很难理解，但是我听完希希的话，瞬间就能明白了她的意思。希希和姐姐每人有一只熊猫玩偶，而且姐妹俩能在两个近乎完全相同的熊猫玩偶中，准确地分辨出各自的那一只来。希希的意思是说，这只猫不是她的，是姐姐的，所以她想让我把这只猫送还给姐姐。再比如希希会说："希希面面。"我立即就能明白，她说她想吃面条了。

孩子的语言是不是很有趣？2岁孩子讲话，在我们大人看来就像电报一样简略，但内容却非常丰富。每天与孩子交流对话，我们都能从孩子身上感受到很多快乐。为了进一步提升孩子的语言能力，当孩子用"电报句"跟我们对话时，我们应该做出积极的回应，以调动孩子说话的兴趣。比如，我们可以这样做：

1. 复述一遍孩子的意思

当孩子用"电报句"跟我们交流时，我们不要无视孩子的语言，也不要笑话孩子的幼稚，而应该用认真的态度与孩子交流，把孩子当作一个有思想的个体去对待。当你认真回应了孩子的"电报句"之后，孩子就会对学习语言表现出极大的热情，因为他期待自己掌握更多的词汇，能与爸爸妈妈做更多的交流。比如，当孩子跑过来跟你说"哥哥球球"时，你可以试着把孩子的意思解读一遍，你可以这样问孩子："宝贝，你的意思是说，你想玩哥哥的球吗？"如果你的解读是正确的，孩子就会对你点点头，如果你解读错了，不妨再换个角度试一试，这个过程其实是一个很好的教育孩子学习语言的过程。

2. 多教孩子学习一些动作词汇

通过前面的介绍，我们知道，2岁左右的孩子通常先掌握名词，再掌握动词，最后才是形容词。当孩子对名词词汇的掌握达到一定数量之后，父母可以有意识地引导孩子学习一些动词词汇，这样孩子可以把名词和动词组合起来，表达出更多的意思来。比如，我们可以教孩子"尿尿"，然后在引导孩子自主如厕的过程中，再反复给孩子强化"尿尿"这个词。慢慢地，当孩子想上厕所的时候，他自

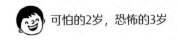

然而然就会说出"宝宝尿尿"这个短句，他的意思就是"宝宝想要尿尿了"。

3. 有空多与孩子说说话

虽然 2 岁左右的孩子词汇量非常匮乏，也很难表达一个完整的意思，但是这丝毫不妨碍他与我们正常交流。我建议，父母在有空的时候，不妨多陪孩子说说话，他咿咿呀呀在讲话，你一边翻译一边回应他的咿咿呀呀，这是一个非常有趣的陪伴孩子学习语言的过程。如果孩子生活在气氛压抑、家人沉默寡言的家庭环境中，每天很少有人与孩子交流，那么你就会发现，孩子的性格慢慢也会变得沉默寡言；而如果孩子每天生活在充满欢声笑语、家人幽默风趣的家庭环境中，每天都会有不同的家人与他说话，那么孩子的性格也会变得开朗、活泼。

语言的学习，脱离不开具体的语言环境，而家人则是孩子学习语言最重要的参与者。在孩子学习语言的敏感期内，父母应该多花时间陪伴孩子，与孩子交流，哪怕孩子只会"电报句"，你也应该像对待成人一样，去回应他的语言。

喜欢重复别人说过的话，且乐此不疲

人类的语言都是从模仿开始的，幼儿学习词汇也是如此，是通过模仿大人的发声才做到的，这种现象是幼儿语言发展过程中必不可少的一个环节。

如果家里有 2 岁左右的幼儿，你会发现，他说话的特征就像鹦鹉学舌一样，你说"果果"，他说"果果"，你说"豆豆"，他也说"豆豆"——他完全是通过模仿大人的发音在学习词汇。孩子天生就会模仿，他能通过模仿父母的发音，习得一个又一个全新的词汇，也正因如此，父母在培养孩子的语言能力方面，承担着非常重要的角色。

下面，我们来看一个案例吧。

2 岁半的果果是家里的开心果，从早上起床开始，她就跟着妈妈学说话，而且态度非常认真，俨然一个小大人的模样。妈妈抱起果果说："早上起床先要认真洗脸。"果果就会立即重复说："脸脸。"洗完脸，妈妈准备好了早餐，带果果一起吃饭，然后妈妈告诉果果："要好好吃饭，才能长高。"然后果果就会鹦鹉学舌，重复说"饭饭。"有一段时间，果果妈妈发现自己都有点儿"鹦鹉学舌"了，在单位跟同事说话，一不留神，她竟然也用了叠词，下意识地说："饭饭去吧。"惹得同事们哈哈大笑。

那么，孩子为什么喜欢重复别人说过的话呢？主要有以下两方面的原因。

1. 孩子的词汇量非常有限

2岁幼儿掌握的词汇量非常有限，他不可能用顺畅的语言跟大人交流，但他又有强烈的表达欲望，在这种情况下孩子只能使用有限的词汇量，去尽可能表达更多的意思。希希刚学了一个词汇，叫"猫猫"，接下来她碰见自己喜欢的任何东西，都会兴奋地站起来，大声喊"猫猫"。睡觉前，她想喝奶，会大喊"猫猫"；走在路上，她看见一只可爱的小狗，也会兴奋地指着小狗喊"猫猫"。在她的意识里，她知道"牛奶"和"小狗"是不同于"小猫"的东西，但是她的词汇量非常有限，无法准确地说出"牛奶"和"小狗"。在这种情况下，她只好用自己仅有的词汇"猫猫"来代指她所看到的其他东西。

2. 孩子觉得重复说话非常有趣

除了词汇量非常匮乏之外，孩子喜欢重复大人说话还有一个原因，那就是他觉得这样说话非常有趣，会逗得大人哈哈大笑。大人的笑声，对孩子而言是一个非常有效的鼓舞，因此为了让大人哈哈大笑，孩子便会用重复说话的方式，来逗大人开心。

姥姥在客厅跟希希一起玩耍，希希把海洋球扔得满地都是，姥姥没好气地逗希希说："希希是不是个小淘气包啊？"希希很快便模仿姥姥说话的语气，重复说："包包、包包。"看到希希可爱的样子，姥姥开心地大笑起来，接着对希希说："快点儿把小球捡起来，不然姥姥要拍希希的小手手了。"希希扭着可爱的脑袋，接着重复姥姥的话说："手手、手手"。整个上午，希希都在用"鹦鹉学舌"的方式把姥姥逗得哈哈大笑。

孩子具有强大的模仿能力，正因如此，父母才应该重视自己的教育引导作用，在平时与孩子沟通的过程中，要尽量规范自己的语言习惯，给孩子树立一个好的榜样。比如，我们如果用温柔的语气与别人对话，孩子也会模仿大人的说话语气，不急不躁、温柔平和；大人使用文明用语，孩子也会模仿大人的样子，很快学会说"谢谢""对不起"等文明用语。

第 3 章

大脑发育黄金期——2 岁孩子的心智发展

　　2岁是孩子大脑发育的黄金期，这个阶段的孩子心智发展要比身体发展速度更快。他们有了高级认知活动的萌芽，他们的空间探索能力、延迟模仿能力都有了惊人的变化，父母千万不要错过这一引导关键期。

脑神经连接速度空前

婴儿从出生到 2 岁，大脑的重量在飞速发展，刚出生时脑重大约是成人的 25%，2 岁左右脑重大约是成人的 80%。可以说，从出生到 2 岁之间，婴儿大脑的重量增长到三倍多。但是，大脑的功能却不是由大脑的重量来决定的，它是一个非常复杂的问题，受到多方面因素的影响。

哈佛大学行为学家理查德教授经过研究发现，孩子在成长的过程中，有 3 次机会可以变得更聪明，分别是 0~3 岁、5~7 岁、8~11 岁，这三个发育期非常短暂，父母一定要把握住机会。

我们还应该了解，大脑不同的区域对应不同的功能，比如，语言、听觉、视觉等功能都有着各自不同的区域，而且每个区域的大脑发育程度是不一样的。根据相关研究，儿童语言、听觉、视觉、高级认知等功能在幼儿 2 岁之前发育迅速，到 12 岁左右，这些功能的发展基本上处于停滞状态。由此可见，2 岁之前，是开发孩子的听觉、语言、认知、视觉等各种功能的关键时期。

哈佛大学研究发现，儿童时期大脑的能力主要来源于神经联结的数量多少，"从新生儿到 18 个月大的孩子，他的大脑发生着翻天覆地的变化，每秒钟约有

700 个新的神经联结产生。"神经联结速度急剧变化，让孩子变得越来越聪明，更有能力进行更复杂的思考。

这些有关脑神经的研究告诉我们一个道理，在孩子 2 岁之前，他的各部分大脑功能以及神经联结速度都在飞速发展，因此这一阶段是孩子变得更聪明的关键时期，父母一定要抓住 2 岁之前的黄金期，帮助孩子将大脑功能开发到最佳程度。

但是，我们应该有一个清醒的认识，注重孩子的早期智力开发并不是要把孩子送到各种各样的早教机构去接受系统的训练。父母完全可以有更好的选择，比如，我们可以通过陪伴孩子，带孩子多接触大自然，让孩子多听、多看、多感受、多思考，帮助孩子开发大脑潜能。

大女儿程程两三岁之前，我没有让她参加过任何早教机构的训练，只是在她 3 岁的时候，我带她去感受了一下早教机构的舞蹈课程和泥塑课程。她上幼儿园之前的那段时光，可以说是无忧无虑又丰富多彩的。我带她去公园的草地上野餐，我们一起听喜鹊在旁边叽叽喳喳，看远处河里的鸭子悠闲地游来游去。周末或假日，我和先生会一起带她探索北京郊区各种好玩的地方。比如，带她去山里的农家乐园，让她看鸡鸭在田地里捕食小虫子；带她去森林公园，让她在峡谷里用渔网捞小鱼虾……

在与大自然亲近的过程中，程程看过很多不同的风景，听到过大自然中各种各样的美妙声音，还用手触摸过不同形状的山石……她的听觉、视觉、触觉以及其他认知功能，都在玩耍的过程中得到了很好的开发。

总之，在孩子 2 岁之前，并不需要刻意地教他掌握多少知识。孩子每天看到的，听到的，对他而言就是知识。

当然，如果父母愿意为孩子的早期智力开发加大投入的话，建议最好给孩子买一些益智类玩具，这些玩具不需要多贵，只要能调动孩子的听觉、视觉、触觉这些感官就可以了。

希希1岁多的时候，我给她挑选了一个塞积木的玩具。这些积木有三角形的，有正方形的，她拿起这些积木，用手塞进相应形状的空里，取出来，再塞进去，这样可以很好地锻炼她的手眼协调能力；我还给她买了几个带有机械发条的动物玩具，上好发条，青蛙或者小鹿就会蹦蹦跳跳地往前跑，希希笑着追过去，再跑回来，这样她的视觉能力和运动能力都可以得到很好的锻炼。

这些益智玩具并不需太多，也不需要有多贵，只要孩子有兴趣、玩得开心就可以了。我接触过很多家长，他们给孩子买了很多玩具，堆满了客厅的各个角落，但有的玩具孩子只玩了一次就丢掉了，非常可惜。另外，这其中有很多玩具对孩子的智力开发并没有多少益处，价格却非常贵，因此建议家长根据需求购买。其实，在大自然中，只要孩子感兴趣，一根小木棍或者一块小石子都能成为他很好的玩具。

2 岁孩子出现了高级认知活动萌芽

儿童心理学家皮亚杰在他的儿童认知发展理论中，把儿童的认知发展划分为 4 个阶段，前两个阶段分别是 0~2 岁和 2~7 岁。在第一个阶段，即 0~2 岁感知运动阶段，孩子主要通过自己与外界客体交互作用中的感觉和运动来认识这个世界，比如孩子通过触摸、咀嚼、吮吸，抓握来感受外在的事物。简单来说，孩子摸到、看到的东西，他才认为是真实存在的，如果你把这个物体藏在身后，孩子看不见、摸不着，他就会认为这个物体不见了，这个阶段的儿童并不理解"客体永存"的概念。

第二个阶段，即 2~7 岁的儿童处于前运算阶段，这个阶段的儿童缺乏守恒的观念，比如将同样多的牛奶，分别倒入一个又高又细的玻璃杯和一个又粗又矮的玻璃杯中，牛奶的重量是相同的，但是儿童会倾向于认为又高又细的玻璃杯所装的牛奶，要比又矮又粗的玻璃杯中的牛奶要多。这个阶段的儿童虽然不具备守恒的观念，但是已经能够将感知的动作内化为表象，能够建立符号功能，能根据表象进行思维，尽管这种表象思维能力有一定的局限性和片面性，起码说明儿童已经初步具备了高级认知的能力。

2岁的孩子，恰好处于感知运动阶段和前运算阶段的分界点，他们已经出现了高级认知的萌芽，能够摆脱对具体物体的依赖，通过记忆和想象，对以前看到过、听到过或感受过的东西进行思维加工。借助"符号"的建构，他们能够进行一些想象活动。"想象游戏"是这个阶段儿童所热衷的活动，儿童能够虚构一些朋友或事物，跟想象中的朋友和事物做游戏。

2岁半的朵朵在电视上看到草原上的叔叔在骑马，于是便从沙发上取下一块坐垫放在自己的屁股下面，双手拽着坐垫的前端，"噔噔噔"地往前跑，一边跑，一边喊"马儿快跑"。不仅如此，她还一边飞快地"骑马"，一边焦急地喊道："小白兔，快点儿跑，大灰狼快追上来了！"朵朵妈妈好奇地顺着朵朵的目光看去，旁边空空如也，原来这只"小白兔"是朵朵自己想象出来的。

案例中朵朵的这种行为就是在进行"想象游戏"。这个阶段的儿童，已经摆脱了对具体物体的依赖，可以凭借想象力幻想出一些自己需要的人物或角色，帮助自己完成游戏。

作为父母，我们要想办法保护孩子的这些想象力，尽可能地参与到孩子的游戏中，让孩子的想象力尽情地发挥出来。

除了建构符号之外，2岁多儿童的思维还具有"泛灵性"的特点，也就是说他们喜欢赋予所有的物品以生命。

程程小时候有一只熊猫玩偶，在2岁多的时候，她把熊猫玩偶当作最亲密的小伙伴，每天照顾她。吃饭的时候，她会把熊猫玩偶放在餐桌上，拿勺子一本正经地喂它吃饭；她走路的时候，会牵着熊猫玩偶的手，教它一步一步学走路；她伤心的时候，喜欢抱着熊猫玩偶哭泣；开心的时候，也会第一时间跟熊猫玩偶分享。在程程的心目中，那只熊猫玩偶就是她真实存在的好朋友。

父母可以利用孩子的这些思维特点，配合孩子玩一些想象力游戏，培养孩子丰富的想象力，这些想象力会让孩子在未来的生活和学习中感受到更多的快乐。根据孩子的"泛灵"思维特点，父母还可以找到与孩子共同的兴趣点，一起参与到孩子的游戏当中去，既然孩子把他身边的物品当作真实的生命去对待，我们正好可以借助这些"具有生命力"的物品，跟孩子讲一些简单的道理。

比如，孩子喜欢随意丢弃玩具，妈妈这时候可以告诉孩子："宝宝，玩具被你摔疼了，它很伤心，我们把它捡起来好不好？"如果孩子喜欢动手打别的小朋友，回家之后，我们也可以拿出他最喜欢的小玩偶，跟孩子说："宝宝，打别人，别人会很疼，要是妈妈用手打你的小玩偶，小玩偶也会疼，下次别再动手了好吗？"

总而言之，2岁的孩子已经出现了高级认知活动的萌芽，他们不再单凭感知运动去认识这个世界，已经具备简单的想象、抽象等思维能力了。因此，我们要换种思维去重新看待一个快速成长的孩子，在理解他们的同时，要尽可能走进孩子的心理世界，从他的视角去看待他所有的事情。

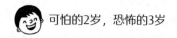

情绪极端期：翻脸比翻书还快

2岁的孩子在情绪极端期，翻脸比翻书还快，前一秒还"哈哈哈"地笑个不停，后一秒可能就阴云密布，"哇哇哇"地大哭不止。而且导致孩子情绪变化的起因，在大人看来，还非常可笑——有时是因为不会剥橘子皮，有时是因为不小心摔了一跤，而有的时候仅仅是因为爸爸妈妈的脸色不好看……你看看，孩子的情绪变化多么大。

面对一个情绪多变的孩子时，我们不能简单地给孩子扣一个帽子，认为孩子天生脾气不好、性格暴躁，而应该读懂孩子情绪变化背后的真实原因，对孩子有一个客观、清醒的认识。

下面，我们先来一起看一个案例吧。

2岁的月月在父母眼里是一个非常乖巧听话的孩子，可是最近不知道怎么回事，妈妈发现月月的脾气突然变得非常暴躁。在系组扣的时候，月月费了好大的劲儿，刚把扣子塞进扣眼里，扣子却不听使唤地钻了出来，反复系了三次，扣子也"不听话"。原本安安静静的月月突然变得暴躁起来，猛地扭了一下扣子，然后又把衣服摔在地板上，再狠狠地踩上几脚，简直就是一头发怒的小狮子。爸爸看到月月的这种表现，非常生气，一把拎起月月大吼道："小屁孩，脾气这么大，竟敢摔东西！"月月看着发怒的爸爸，一脸惊恐，"哇"的一声，号啕大哭起来。

月月的爸爸妈妈感觉很苦恼，他们想不明白，为什么原本乖巧懂事的月月，脾气突然变得这么暴躁。两个人还在争执，月月糟糕的性格和脾气，究竟遗传了谁。

案例中月月的做法，正是2岁孩子在情绪极端期的典型表现。当她不能顺利地把扣子系好时，就会表现得非常暴躁，这种行为表现只是孩子在特定的发展阶段所呈现出来的典型特征，并不意味着孩子天性如此，父母大可不必对此过度焦虑。父母的当务之急，应该是了解孩子情绪背后的心理动机，破解孩子情绪变化背后的心理密码，这样才能对孩子有一个理性的认识。

下面，我们来具体分析一下，2岁的孩子为什么会出现极端的情绪表现。一般而言，导致2岁孩子情绪失控的原因，主要有以下三点：

1. 孩子的心智发育比身体发育要早

对于2岁的孩子而言，他的心智发育水平要高于身体发育水平，通俗地说，这一阶段的孩子"眼高手低"。也就是说，当他面对一件事情时，他知道自己应该做什么，想要达到什么样的目标，但是一到动手操作时，却发现自己的手根本不听使唤，没法完成任务。当理想和现实出现巨大的落差时，孩子就会表现得非常沮丧、烦躁，而最直接的表现就是发脾气。如果父母仔细观察一下，就会发现，这一阶段的孩子在生活中经常会有挫败感。他想系好一个扣子，可是费了好大的劲，扣子却塞不进扣眼里面；他想画好一只小狗，可是努力了半天，却只画了一团乱七八糟的线条。

在"手脑不匹配"的挫败感操纵下，孩子的情绪很容易崩溃。所以我们要尝试理解一个2岁的孩子，理解他的挫败感和无奈，并且应该给他一定的空间，让

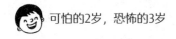

他慢慢去释放自己的负面情绪。

2. 孩子的内在秩序遭到了破坏

2岁左右的孩子，已经具备了一定的内在秩序感，做事情之前，都会有固定的仪式和流程，比如先刷牙，后洗脸，接着听故事，最后睡觉。当他的这种内在秩序被突然打破之后，他就会变得焦虑不安，然后通过发脾气的方式来表达自己的诉求。举个简单的例子，有一天，父母担心孩子睡得太晚，便取消了给孩子讲故事的环节，结果孩子开始大哭大闹，无论父母如何讲道理沟通，孩子都拒绝睡觉。在这种情况下，很多父母会不耐烦地指责孩子淘气不听话，但他们却忽略了一点，这是2岁孩子在固执地坚守自己刚刚形成的"是非观"，他觉得"错"的事情，那就是"错"的，无论父母如何解释，他都认为父母的建议是"错"的。在他认为"对"的时刻，他只想得到父母的理解和尊重，而不是生气和指责。

3. 孩子的语言表达能力尚有欠缺

一个具有成熟心智的人，会通过语言或者文字来表达自己内心的情感，这是一种很好的疏解情绪的方式。但是对于一个2岁的孩子来说，当他感觉痛苦、伤心或者难过时，他连一句完整的"我很伤心""我很难过"这样的话语都无法表达出来，还能期待他有什么更好的方式去排解自己的负面情绪呢？因此，在语言表达能力尚有欠缺的情况下，孩子最直接的表现就是哭闹、发脾气，因为这种方式能让他最快地摆脱痛苦。所以，作为父母，我们应该读懂孩子哭闹背后的"语言"，而不是一味地指责他、压制他。

当我们能理解一个2岁孩子的心智发展特征之后，就能对孩子各种极端的情绪表现有一个客观的认识。当孩子翻脸比翻书还快时，父母要告诉自己，这只是一个特殊的成长阶段，没必要为此大惊小怪。

空间敏感期：反复扔东西，乐此不疲

2 岁左右的孩子，正处于空间敏感期。在 1 岁左右，孩子开始喜欢把东西从高处扔下，感受从高到低的空间落差；再往后，孩子会对小小的空间产生好奇心理，他会把东西反复塞进去，再拿出来；紧接着，孩子会把东西垒在一起，然后把它推倒，再垒在一起，再推倒，通过反复的动作来感受空间大小。

处于空间敏感期的孩子喜欢探索狭小的空间，他喜欢钻到桌子下面，用手去触摸桌子，还喜欢藏在衣柜里，他觉得这是一件很好玩的事情。面对一个处于空间敏感期的孩子，父母应该给予孩子一定的自由和权利，让孩子去探索空间、感受空间，用身体去建构自己的智能空间。

2 岁多的洛洛最喜欢的玩具不是布娃娃，而是爸爸妈妈用一个大纸箱给她做成的"小房子"。洛洛最喜欢做的事情就是钻到"小房子"里，透过"小房子"的"窗户"和爸爸妈妈一起玩捉迷藏。洛洛笑着钻进房子里，把身子趴得很低，不想让爸爸妈妈看到。等爸爸妈妈把头从窗户里伸进来，假装看不见洛洛，四处呼唤她的时候，洛洛就会哈哈哈地笑着直起身子，假装吓爸爸妈妈一大跳。她很

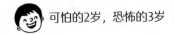

喜欢玩这个游戏，乐此不疲。

案例中洛洛的行为，就是一个正处于空间敏感期的孩子最常见的一种表现，她喜欢用身体探索神秘的空间，把自己藏在这个狭小的空间里，躲来躲去，觉得非常好玩。要知道，孩子的想象力非常丰富，不受任何限制，尽管某个空间在大人眼里非常狭小，但是孩子会把它想象得非常大，然后再通过捉迷藏或塞东西等方式来探索这个空间。除此之外，孩子探索空间的过程也是一个克服心理恐惧的过程，经过探索，如果他对这个空间不再感到恐惧，那么他的心理成长就会再上一个台阶。

我发现2岁多的希希也有探索空间的想法。我带她去书房的时候，看见书架上的书，她会伸手把书从书架上抽出来，然后一本一本地扔到地上；他坐在餐桌旁吃饭，会突然把勺子从餐桌上扔下去，然后探出小脑袋，盯着地上的勺子看个不停。还有一次，孩子的姥姥到处都找不见房间的钥匙，最后竟然在希希手推车后面的小布袋里找到了。事后我们猜测，很有可能是希希在玩耍的时候，把钥匙塞到了小布袋里。

对于希希的这些淘气行为，我并没有责备她，而是表现出了充分的理解。孩子在不同的发展阶段会呈现不同的行为特点，尽管这些行为在父母眼里有点儿"可恶"，但当你了解了孩子的发展规律之后，就会对此多一份理解和释然。

当然，在满足孩子空间探索欲望的同时，父母也应该注意以下几点事项：

1. 注意收起危险物品

孩子在探索空间的时候，并不能很好地预知危险。因此，父母应该提前检查一下孩子生活和玩耍的空间，将一些坚硬、锋利的东西藏起来，有些锋利的墙角或桌角，应该用儿童专用的防撞条包起来，给孩子营造一个安全的空间环境。如果孩子活动的空间里到处都充斥着危险物品，那么孩子在探索空间的时候，不仅会畏手畏脚，而且极易发生危险。

2. 多开发一些空间探索的游戏

父母应该帮助孩子满足空间探索的欲望，可以借助家里的玩具或物品，和孩子一起探索神秘的空间。比如，我们可以把床单撑起来，和孩子一起藏在床单下面，让孩子感受狭小空间的神秘；我们可以和孩子一起搭积木，用不同的组合方式搭建不同的房子，然后把一些小型的人物模型放在房子里；我们还可以利用家里的废旧纸箱，像案例中的洛洛父母一样，给孩子搭一个纸房子，和孩子一起在纸房子里捉迷藏；我们甚至可以和孩子一起躲到衣柜里，让孩子感受衣柜的空间有多大。只要有心，我们可以满足孩子空间探索的各种欲望，让孩子在空间探索的过程中获得充足的安全感。

3. 不要随意呵斥一个淘气的孩子

如果我们发现孩子变得淘气了很多，比如，喜欢把勺子从餐桌上面扔下去，然后探出小脑袋，看勺子落在地上是什么样的；喜欢把家里的钥匙、饰物等小物件塞到各种地方。这时候，父母一定不要随意呵斥孩子。2岁的孩子正处于空间探索的敏感期，他不知道他的淘气行为会带来什么样的后果，所以父母一定要给予孩子足够的理解和包容，不要随便把孩子禁锢在一个地方，让孩子安安静静地玩玩具，这很容易束缚孩子的心智发展。

总而言之，在确保孩子安全的情况下，父母应该尽可能满足孩子的空间探索欲望，让孩子自由自在地去感受空间探索带来的乐趣。

2 岁孩子的惊人模仿力

不要小看孩子的模仿能力，儿童天生就是模仿专家，即使是一个 2 岁大的孩子，也能展现出惊人的模仿力来。

有一次早上起床，爸爸在客厅的垫子上健身，其中有个动作叫"臀桥"，就是利用腹肌的力量把臀部抬起来，希希起床之后，看见爸爸在做这个动作，也学着爸爸的样子，把自己的屁股往上一扭一扭地抬了起来，这个可爱的模样，逗得大家哈哈大笑。我们发现小孩子有着惊人的模仿力，他们看到大人的某个动作之后，就能惟妙惟肖地把它模仿出来，很有神韵。

有一天，希希从桌子上拿到了一个橘子，然后跑到厨房里，蹲在垃圾桶旁边，像模像样地开始剥橘子。由于自身力气不够，希希就用嘴巴把皮咬开了一个小洞，然后小手顺着洞口一点点地撕，不一会儿，她竟然真的把橘子皮剥开了一大块。看到希希的这个举动，我们都很好奇，希希手里的橘子是刚买的，大家还没来得及吃，她是从什么时候学的这项技能呢？大家回想了一下，之前家里买了一大筐橘子，吃完晚饭全家人都围坐在餐桌旁剥橘子吃，当时希希坐在餐桌旁乖巧地吃着我们剥好的橘子，原来她早已把大人的这些举动都看在了眼里，无意中学会了剥橘子的技能。

从那以后，希希仿佛打开了新世界的大门，她对剥皮产生了强烈的兴趣，早上煮好的鸡蛋，她会用小嘴咬开一个小洞，然后一点点剥鸡蛋皮；她在厨房看见完整的蒜瓣，就会蹲在垃圾桶旁，把蒜皮剥得干干净净；后来，她只要看见橘子，就想把橘子的皮剥下来，然后递给大人吃。

希希的这一系列举动，让我想起了皮亚杰的"延迟模仿"理论。延迟模仿是指儿童对一段时间之前出现的他人行为进行模仿，如之前看到过父母咳嗽，儿童也会模仿咳嗽。看来，孩子的模仿能力惊人，他不仅能模仿大人当下的行为举动，还能模仿大人在一段时间之前的行为举动。研究发现，13 个月大的婴儿能重复模仿 1 周以前见到的行为，而 1 岁半的儿童已经能模仿 4 个月前见到的行为。

这个研究成果告诉我们一个道理：不要认为孩子小，就可以在孩子面前肆无忌惮地展现一些不好的行为，我们千万不要低估孩子的模仿能力，尤其是当孩子具备了延迟模仿的能力之后，我们更应该注意自己的言行，给孩子营造一个良好的家庭教育环境。

如果家有一个 2 岁左右的孩子，父母在平时的生活中，就应该时刻关注自己的言行举止，努力给孩子树立一个良好的榜样。比如，我们可以有意识地引导孩子做出以下这些行为：

1. 把物品放到固定的地方

既然孩子有超强的模仿力，那么父母就应该有意识地关注自己的行为，让孩子通过模仿父母的举动养成一些良好的行为或习惯。在与孩子相处时，我们应该有意识地引导孩子，让孩子学会把物品放到固定的地方。比如，我带希希回家之后，会把希希和我们换下来的鞋放在固定的鞋架上，有时候希希把脱下来的鞋随处乱扔，我便会牵着她的小手，带领希希把鞋放回原处；再比如，希希玩完玩具之后，我会当着希希的面，把她的玩具重新放回玩具箱。我相信，时间久了，希希看到我的举动，也会培养起把物品放回原处的意识。

2. 垃圾应该放进垃圾桶里

平时我们在家里非常注意生活垃圾的处理，只要看见地上有垃圾，我们就会随手捡起来放进垃圾桶里，希希看见我们的举动，就会形成一个意识——垃圾不能随手乱扔，应该随时丢进垃圾桶里。所以，尽管希希在家里非常喜欢剥果皮，但不用大人提醒，她自己就会把大蒜皮或水果皮都扔进垃圾桶里。有时候，我看到地上有一片碎纸，就会把碎纸交到希希手里，鼓励她扔进垃圾桶里。有时候带希希去公园玩，我手里有些果皮，我就会把果皮递给希希，然后告诉她，"请帮妈妈把果皮扔进垃圾桶里好吗？"希希就会跌跌撞撞地向垃圾桶跑去。尽管她还不到2岁，但已经能够学着大人的样子，去扔垃圾了。

3. 尽量温柔地跟别人说话

孩子不仅会模仿大人的一举一动，也会模仿大人的说话语气，如果孩子发现你跟别人说话时，会采用温柔平和的语调，那么孩子在说话时，也会比较温柔平和。如果父母说话时非常急躁，动不动就歇斯底里，那么孩子也会模仿大人的行为，遇到稍微不顺心的事情，就会表现得非常暴躁，出现大喊大叫、乱摔东西的不良行为。我遇见过这样一个老人，孩子稍微淘气一点儿，老人就对着孩子说"我打你"，然后还做出打人的举动来，结果2岁多的孩子天天把"打"字挂在嘴边，动不动就对小朋友做出打人的举动来。

所以，我们千万不能低估孩子的模仿能力，有时候你以为孩子乖乖地坐在那里玩玩具，没有注意到你的行为，其实他潜意识中能够觉察到大人的一举一动。父母是孩子的一面镜子，当孩子出现种种不当行为之后，父母首先应该反思自己的行为是否妥当，然后再去想办法纠正孩子的不良行为。

第 4 章

习惯培养关键期——2 岁孩子的日常生活

2岁的孩子进入了可怕的秩序敏感期，无论吃饭、睡觉、穿衣、如厕，都会让妈妈感到头疼。但是，凡事都有两面性，妈妈可以抓住孩子的秩序敏感期，培养他的良好习惯和规则意识。

挑食、偏食、含饭，吃饭追着喂

2岁左右的孩子，逐渐有了自我意识，许多事情都喜欢自己做主，其中就包括吃饭、睡觉。妈妈们发现，孩子在吃饭的时候似乎不如以前听话了，经常对饭菜挑三拣四，有时候随便吃点儿东西就要跑去玩。其实，这是很多妈妈都会碰到的难题，一点儿也不奇怪。

朋友家的儿子刚刚2岁多一点儿，每次到了吃饭点，就跟打仗一样，朋友和她婆婆一起哄孩子吃饭，把面条摆在孩子面前，孩子摇摇头说："不吃。"朋友问孩子："宝贝，你是要吃米饭吗？"孩子笑着点了点头，奶奶赶紧去盛米饭。原以为孩子看到喜欢的米饭，会好好吃饭，结果孩子拿起勺子在小碗里挑挑拣拣，尝了几粒米饭之后，再也不肯吃了。后来，在妈妈的强迫下，孩子勉强吃了几口饭就跑去客厅玩。奶奶看到孙子不愿好好吃饭，非常心疼，于是便端着小碗，四处追着孙子喂饭。1个多小时的时间里，奶奶跑得气喘吁吁，妈妈在一旁唉声叹气，不知道该怎么办。

例子中的这种情况，是很多妈妈都会遇到的问题，大家对此都很无奈，也很苦恼。有的妈妈对此过于焦虑，便采取了强硬措施，逼迫孩子坐在餐桌前吃饭，不吃完饭不准下桌。结果，原本 20 分钟就可以吃完的饭，孩子硬生生耗了 1 个小时。这种解决问题的方式，会让孩子从一个极端走向另外一个极端，原本只是挑食，不好好吃饭，结果这个问题没解决，反而又让孩子养成了吃饭拖沓的不良习惯。所以，通过强硬手段逼迫孩子吃饭的方法是不可取的。

1. 任何时候都不要追着喂饭

孩子出现挑食、偏食的问题，确实会让妈妈感到很焦虑，因为妈妈总是担心孩子会营养不良。但是无论情况有多么严重，妈妈都不应该追着孩子喂饭，因为这种行为会让孩子产生一种错觉，认为吃饭是给父母吃的，所以父母才会端着碗筷追着自己喂。孩子一旦有了这种错觉，就会把吃饭当成一件可以"拿捏"父母的事情，父母越着急追着喂饭，孩子就越故意躲着不好好吃饭。

2. 不要硬逼孩子吃他不喜欢的食物

如果孩子对某种食物表现出极度厌恶之时，父母千万不要硬逼孩子吃他不喜欢的食物，因为这样做只会让孩子对这种食物更加厌恶。国外曾有这样一个父亲，他的女儿有些挑食，不喜欢吃某些青菜，一看见这些青菜就恶心。这位父亲觉得女儿挑食的毛病不好，非常生气。有一次，他逼迫女儿坐在餐桌前，不吃完整盘青菜，就不能离开餐桌。女儿忍着不快，吃完了所有的青菜，但是期间却呕吐了好几次，她后来对这些青菜更加厌恶了。

孩子可吃的食物种类非常多，如果他真的对某种食物非常厌恶，那么父母就不要强求他，而是应该让他通过其他食物来补充这类营养。等孩子长大一点儿，父母也可以尝试变换花样来烹饪这类食物，或许孩子还有重新喜欢上这类食物的可能，但是采取强迫的手段，只会适得其反。

3. 父母不要在孩子面前评价食物的好坏

父母尽量不要在孩子面前评价某种食物的好坏，比如"海带很硬""鱼很腥"，等等。父母无意间对食物的评价，很有可能影响孩子对食物的选择。孩子的爸爸天生不喜欢吃海带，他曾经在孩子面前无意间透露过"海带不好吃"的意思，并且下意识地表现出了厌恶的模样。女儿程程小时候看到爸爸对海带的这种反应，也学着爸爸的样子，一看见海带就撇撇嘴，不愿意吃。后来我和孩子的爸爸做了一些沟通，并对孩子做出了正确的引导，慢慢地孩子对海带也没有那么排斥了。父母对食物的态度，对孩子会产生很大的影响，父母即便不喜欢某种食物，为了孩子，也尽量不要在孩子面前表现出厌恶的模样，只要不动声色地不去吃就可以了。

4. 可以多给孩子提供几种食物，让孩子自己选择

如果孩子吃饭确实比较挑剔，那么父母可以在每餐给孩子多提供几种食物，然后把这些食物放在一个盘子里，让孩子自己选择喜欢的食物。如果孩子对盘子里的所有食物都不感兴趣，那只能说明一点：他不饿。在这种情况下，父母就没必要逼着孩子吃饭，更没必要哄着他吃饭了，因为这对孩子来说会成为一种心理负担。一般情况下，如果孩子愿意吃饭，那么他就会从这些食物里挑一两种自己喜欢的去吃。2岁的孩子，已经有了自我意识的萌芽，凡事喜欢跟父母对着干，当你给了他更多的选择权之后，孩子对吃饭反而不那么较劲了。

在这里，建议父母们不要对孩子的吃饭问题过于焦虑，因为父母越焦虑，就越容易把这份压迫感传递给孩子，让孩子感觉吃饭是一种负担，而不是一种享受。

"睡觉难"，是每个妈妈都会面临的问题

孩子到了 2 岁，不仅要面临"吃饭难"的问题，还要面临"睡觉难"的问题，因为孩子的精力越来越旺盛，而且对玩耍有了极大的兴趣，到了睡觉时间，妈妈把孩子抱上床，孩子满脑子想的都是好玩的玩具，根本没法静下心来睡觉。

女儿希希快 2 岁了，我明显发现哄希希睡觉越来越困难。之前哄睡，我给她冲好奶粉，她抱着熊猫玩偶，"咕咚咕咚"喝完奶，我躺在她身边，用手轻拍一会儿，她就会呼呼地睡着。可是，现在到了睡觉时间，我把她抱到床上，她手里抱着熊猫玩偶，嘴里叼着奶瓶，我怎么拍她，她都睡不着。每次哄她睡觉，就跟打仗似的，结果她入睡的时间越推越晚。

在大女儿程程出现睡觉困难的时候，我采取的是"冷处理法"，具体做法是，在程程哭闹不肯入睡的情况下，我不再百般哄劝，而是站在床边平静地告诉她："宝贝，你要是能停止哭闹，打算好好睡觉的话，妈妈会搂着你睡觉。"我就这样在旁边平静地看着她，两分钟后，程程的哭闹声明显弱了很多。接下来，我轻轻

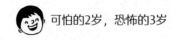

搂住还在哽咽的程程，轻拍几下，她很快就睡着了。

后来，我仔细分析了导致程程睡觉困难的几个因素，然后把这几个干扰因素一一做了调整，之后我发现程程的睡眠情况确实改善了很多。现在，我想把之前的经验总结一下，帮助更多像希希和程程这样存在"睡觉难"问题的孩子。

1. 白天让孩子多消耗体力

2岁的孩子，浑身充满了能量，他们需要一个开阔的场地去释放这些能量，在这样的场地上他们可以尽情地跑跳、玩耍。白天，如果我们把孩子圈在家里，约束孩子的活动范围，那么等到了晚上睡觉的时候，孩子多余的体力没有消耗完毕，就会在体内"蠢蠢欲动"，让孩子无法平静下来。我们大人应该有过这种感受：白天劳累了一天，到了晚上，感觉非常疲惫，躺在床上很快就能睡着了；如果白天闲来无事，整天都躺在床上懒懒散散，到了晚上睡觉的时候，很有可能会失眠。孩子跟大人一样，都需要在白天多消耗一些体力，充分释放体内的能量，这样才会对睡眠有更明显的渴求。

2. 睡觉前，千万不能让孩子太过兴奋

睡觉前半个小时，应该让孩子玩一些舒缓的游戏，比如坐在那里搭积木，拼拼图，看看书，等等。最好别让孩子兴奋地跑跳，玩闹个不停，不然的话，即便强迫孩子躺在床上，由于他的身体和大脑都处在一种极度兴奋的状态，他也根本没心思静下心来去睡觉。这就好比百米冲刺一样，在最后一刻我们的身体还在拼命冲刺，即便过了终点线，步伐也没法迅速停下来，而是会接着往前冲出一截，才慢慢停下来。所以，我们应该让孩子提前停止兴奋的活动，让他们的大脑和身体慢慢地平静下来，等孩子躺在床上以后，身体和大脑正好完全平静下来，才更容易进入睡眠状态。

3. 帮助孩子建立一套睡前仪式

2岁多的孩子已经进入秩序敏感期了，他们做任何事情都有一套固定的程序，父母完全可以借助孩子对秩序敏感这一特点，帮助孩子建立一套作息计划和睡前流程，从而让孩子更好地入眠。比如，我们可以连续几天让孩子固定在 8:30~9:00 之间睡觉，即便孩子躺在床上睡不着，我们也应该按时让孩子躺在床上，经过一段时间的坚持，孩子慢慢就会适应这个睡眠时间点。在睡觉之前，我们也可以帮助孩子建立一套睡前流程，比如，先让他洗一个热水澡，再给他换上干净舒适的睡衣，然后给他讲 5 分钟的故事，紧接着给他准备好睡前要抱的玩偶，为他冲好奶粉，让他再喝几口温水，轻拍他一下，最后告诉他："宝贝，要乖乖睡觉了。"当这些睡前流程固定下来之后，孩子吃完奶粉，喝完温水，进入最后一道程序时，他就会潜意识地告诉自己："接下来，我该睡觉了。"

但是，不同的孩子有不同的睡眠特点，作为妈妈，我们应该仔细观察孩子的睡眠情况，找出干扰孩子睡眠的所有因素，然后一一调整，这样才能从根本上解决孩子入睡难的问题。

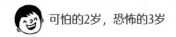

2 岁孩子如厕训练真是愁死人

相关研究表明，1 岁半到 2 岁左右的孩子已经开始有了自主如厕意识，这时候，可以慢慢对孩子进行如厕训练，让孩子逐渐摆脱对尿不湿的依赖。很多妈妈为了训练孩子如厕，尝试了很多方法，有的妈妈找来如厕绘本读给孩子听，有的妈妈每天教孩子如何坐小马桶……但这些方法都没有让孩子养成自主如厕的习惯，一个很重要的原因是，妈妈对孩子进行如厕训练的时机不够恰当。

每个孩子的自主如厕时间都不同，妈妈应该根据孩子的具体情况，判断孩子是否到了应该进行如厕训练的时候。一般而言，当孩子出现以下几种现象时，妈妈就可以考虑对孩子进行一些如厕训练了。

1. 能够听懂"尿尿"和"屁屁"的含义

当你对孩子发出"尿尿"和"屁屁"的指令时，孩子如果能够对这两个词语有一定的反应，那么说明可以对孩子进行如厕训练了。如果孩子对"尿尿"和"屁屁"这两个词语没有任何反应，根本听不懂你在说什么，那么父母就没有必要白费力气去教孩子学习如厕。

希希 16 个月大时，姥姥想教希希在小马桶上如厕，过一会儿就问她："希希，你想尿尿吗？"可是正在玩耍的希希，听见这个词语完全没有任何反应，无论姥姥如何引导，希希都没有坐在小马桶上如厕的意识。但是，当希希长到 18 个月左右时，有一天，姥姥问她："希希，你想尿尿吗？"正在玩耍的希希突然摇了摇头，这一举动说明她对"尿尿"这个词开始有一定的意识了，这时候便可以慢慢对她进行如厕训练了。

2. 尿湿裤子，孩子会指给你看

如果一直让孩子穿着尿不湿，孩子是体会不到尿湿裤子是一种什么样的感觉的。所以，要想判断孩子是否有了自主如厕的意识，我们应当取掉尿不湿，然后给孩子换上干净的裤子，让孩子感受一下尿湿裤子是怎样的一种感觉。当孩子把裤子尿湿之后，如果跑来寻求大人的关注，向大人明确表达"裤子湿了"的意思，就说明孩子对"尿湿裤子"有了切身的体验。希希在 14 个月大时，即便尿湿了裤子，依然会穿着湿裤子玩耍，不会向大人寻求帮助，说明那时候并不是训练如厕的好时机。但是，等希希到了 18 个月大，尿湿了裤子时，她就会"哼哼哼"地拉着大人看她尿湿裤子的地方，然后还会指着自己的裤子，想让大人帮她换一条干净的，这种情况说明，可以对她进行如厕训练了。

3. 能自如地在小马桶上坐下、起身

如果大人把孩子放在小马桶上，孩子不愿意坐在上面，或者一坐上去就会滑下来，说明孩子的身体发育尚不足以自主如厕，这种情况下，父母应该稍微耐心等一等，等孩子的身体发育足够硬朗之后，再考虑对孩子进行如厕训练。希希 18 个月左右时，我给她准备了一个小马桶，放在醒目的地方，有空的时候，我就让希希在小马桶上练习坐下、起立，当希希可以自由地在马桶上完成坐下、起身的动作之后，我就开始着手对她进行如厕训练了。

总之，如果孩子具备了以上三方面的条件，我们就可以对孩子进行适当的如厕训练了。作为父母，我们一定要掌握好如厕训练的时机，过早或者过晚训练，都很难让孩子养成良好的如厕习惯。所以，父母一定要多观察孩子的如厕特点，

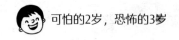

根据孩子的实际情况判断孩子是否已经具备了自主如厕的能力和条件。

那么，在如厕训练的过程中，我们应该注意什么问题呢？

1. 在家里，可以给孩子准备几条"开裆裤"

在训练孩子如厕的初始阶段，孩子对尿意的控制力不是很强，有的孩子前一秒想尿尿，后一秒脱裤子已经来不及了。在这种情况下，我建议妈妈不妨给孩子准备几条开裆裤，这些开裆裤可以用旧裤子改造而成，孩子穿上开裆裤之后，出现尿意时，可以及时走到小马桶旁，直接坐上去就可以排尿，非常方便。但是这种开裆裤不适合在户外穿着，只适合在家里训练孩子如厕时使用。

2. 有空多教孩子表达"尿尿"和"臬臬"

如果孩子能够清楚地用语言表达"尿尿"和"臬臬"这两个意思，那么父母和孩子就可以在如厕方面进行交流了。当孩子想排尿或排便时，如果他会主动走过来告诉父母，"我想尿尿"或"我想拉臬臬"，那么孩子的如厕习惯就可以很轻松地养成了。所以我建议父母在空闲时候，不妨多花费一些时间，教孩子学习"尿尿"和"臬臬"这两个词语，这是一个非常有效的训练孩子如厕的办法。

3. 孩子正确如厕之后，父母应多夸孩子

如果孩子能够在小马桶上正确如厕，我们一定要多夸奖孩子，多鼓励孩子。我的做法是，领着希希一起低头看小马桶里的尿液，然后告诉希希："希希好棒，希希会自己尿尿了。"孩子听到父母的鼓励和夸奖会非常开心，自主如厕的兴趣也会更加强烈。如果孩子每次正确如厕之后，都能得到父母的鼓励和夸奖，那么经过一段时间的训练之后，孩子很快便会养成自主如厕的好习惯。

总而言之，在训练孩子自主如厕这件事上，父母一定不能操之过急，而是要"审时度势"，把握好训练孩子如厕的好时机，这样才能起到事半功倍的效果。

2 岁孩子脱衣比穿衣要熟练得多

2 岁的孩子已经可以开始穿衣训练了，如果你仔细观察一下就会发现，2 岁孩子脱衣服非常快，远比穿衣服要熟练得多。这是因为脱衣服只需要把衣服拽下来就可以了，而穿衣服需要找到胳膊或腿钻进去的地方，然后把自己的胳膊和小腿精准地塞进去，也就是说，孩子穿衣服所需要的动作精细程度远比脱衣服要高得多。

我发现希希也存在这个问题，脱衣服比穿衣服要熟练得多，只要坐在小马桶上，希希就会自然而然地脱掉自己的鞋子、袜子，还有裤子，让自己光溜溜地坐在马桶上。但是，如果你递给她一条裤子或一件上衣，她半天都穿不上。

朋友家有个闺女，也是如此。每天脱起衣服来非常熟练，大人稍不注意，她就会扯掉自己的袜子，光着小脚在地板上"噔噔噔"地跑起来。吃饭的时候，奶奶给她戴上围嘴，孩子觉得不舒服，就扯个一干二净。可是每次穿衣服时，孩子的手就会显得非常笨拙，怎么也穿不上。

大人想着孩子还小，所以每次脱衣服的时候，会让孩子自己脱，但是等到穿

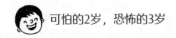

衣服的时候，大人就会不由自主地帮着孩子穿。结果，等孩子上了幼儿园，她也不会自己穿衣服，每天早上起来，就躺在床上，等着奶奶和妈妈给他穿上衣，穿裤子，穿鞋，系纽扣，自理能力非常差。我这位朋友经常懊悔地说，应该在孩子小的时候，就对她进行一些穿衣服的训练。

我发现身边有很多朋友都是这样，他们觉得孩子穿衣服的动作非常慢，就会下意识地代替孩子穿衣服，慢慢地孩子就对大人产生了很大的依赖性，五六岁了都不会自己穿衣服。父母不能小看孩子自己穿衣服这件事，它事关孩子独立生活的能力。一个孩子，如果到了三四岁都不能独自穿衣服，那么这样的孩子在其他方面也就很难做到独立。

既然培养孩子独立穿衣服的习惯这么重要，那么父母在引导 2 岁孩子穿衣服的过程中，应该注意哪些问题呢？

1. 先从孩子喜欢的衣服着手

每个孩子都会有一两件自己非常喜欢的衣服，妈妈们不妨从孩子喜欢的衣服着手，引导孩子养成独立穿衣服的习惯。希希对她的鞋子有格外的偏爱，经常会把她的几双小鞋摆在面前，然后坐在毯子上，一只脚一只脚地试穿。刚开始的时候，希希不分左脚和右脚，也很难精准地把小脚塞进去，但是经过一段时间的练习之后，希希现在已经可以相当熟练地把小脚塞进去了。如果孩子对独自穿衣服这件事比较排斥，那么妈妈可以用心观察一下孩子的喜好，找到孩子所偏爱的那件衣服，让孩子慢慢学着穿。

2. 可以按照先易后难的顺序来练习

我们可以先把孩子的衣服做一下分类，通常分为鞋子、袜子、裤子和上衣几种。当然，这几类衣服在穿的时候有难易之分，一般而言，最容易穿的是裤子和鞋子，较为难穿的是上衣，最难的是袜子。因为这几类衣服所需要的精细动作程度不同，所以在穿着的时候，会给孩子造成不同程度的困扰。妈妈在教孩子穿衣服的时候，不妨按照裤子、鞋子、上衣和袜子的顺序，来引导孩子学习穿衣服的技能。

3. 任何时候，要对孩子保持耐心

当我发现希希对穿衣服有了兴趣之后，我就找了几条宽松的裤子放在地上，让希希自己学着穿，刚开始的时候，希希要么把两条腿都塞到了一条裤腿里，要么折腾半天也没能成功把小腿塞进去。总而言之，这个过程非常漫长，但我把这视为希希喜欢玩的穿衣游戏，从不催促她。慢慢地，在经过多次尝试之后，希希便能自如地穿一些宽松的裤子了。孩子在学穿衣服的过程中，因为手脚不协调、手眼不协调等原因，很难精准地穿好衣服，作为妈妈，我们要做的事情就是对孩子保持足够的耐心，无论孩子穿得有多么糟糕，都要随时给予孩子鼓励和表扬。

让孩子习得一种技能或养成一个良好的习惯都不容易，我们不能因为过程有困难，就剥夺了孩子独立学习和尝试的机会。要知道，独立性对孩子的成长非常重要，一个独立能力强的孩子，才会有更大的发展空间，而一个连穿衣吃饭都要依赖父母的孩子，很难有一个精彩的人生。

可怕的秩序敏感期——2 岁的孩子有多执拗

"敏感期"的概念，是由著名的幼儿教育思想家蒙台梭利提出来的，蒙台梭利认为：孩子在 0~6 岁这一阶段会出现一系列的敏感期，在这其中的秩序敏感期对幼儿的成长非常重要，它甚至会影响孩子的一生。

2 岁左右的孩子对秩序非常敏感，他们对事物的秩序有强烈的要求，比如物品摆放的位置，生活起居的先后顺序，动作发生的顺序等，都有着近乎苛刻的要求。正因为如此，很多父母才会担心自己的孩子有强迫症。其实父母的这种担心是多余的，因为这些父母并不了解孩子在秩序敏感期的具体表现，容易把孩子对于秩序的苛刻要求当作强迫症。

下面我们来看一个案例。

2 岁半的多多对家里的物品摆放有着非常严苛的要求，比如，她看完的绘本，必须放在书架倒数第二层。如果妈妈不小心把绘本放在其他地方，多多就会表现得焦虑不安，一直拽着妈妈的胳膊，非要让妈妈把她的书放回原处才可以。平时玩的玩具，多多也会把它们放在固定的地方，比如，娃娃放在最前面，动物玩偶放在娃娃的后面，其他零碎的玩具要放在动物玩偶的后面，必须按照这样的顺序摆放整齐，多多才会放心地走开。

不仅如此，多多在有些事情上也表现得极为苛刻，每次爸爸下班回家，必须由多多亲自去开门，否则多多就会哭闹不止。有一次，多多在卫生间上厕所，没有听到爸爸的敲门声，正在门口的妈妈顺手就给爸爸开了门，结果多多从厕所里冲出来，站在门口哭得撕心裂肺。后来为了平复多多的情绪，爸爸只好走出门外，重新敲了一下门，再由多多来开门，多多这才停止哭闹。

案例中多多的行为正是儿童秩序敏感期的典型表现，她的某些行为在大人看来非常执拗，甚至有些不合常理。面对一个执拗的孩子，很多父母会逐渐失去耐心，不理会孩子的情绪对抗，甚至粗暴打断孩子的哭闹，这对孩子的心理成长非常不利。父母应该知道，孩子在秩序敏感期能否得到充足的安全感，关系着他的人格发展和性格培养。一个在秩序敏感期能得到良好的尊重和理解的孩子，会在一种平静快乐的环境中逐渐成长，并且表现出自信乐观的性格特质。

那么父母应该怎样对待一个正处于秩序敏感期，甚至执拗得可怕的孩子呢？我认为，以下几方面是需要父母格外注意的。

1. 尽可能尊重孩子的秩序要求

如果孩子的秩序要求不是特别过分，那么父母不妨尊重孩子的意愿，尽可能按照孩子的要求去布置环境。比如，孩子要求家里的物品如何摆放，以及他做事的先后顺序是什么，只要没有危险，父母就不要过多地干涉。如果孩子要求父母也遵从某种秩序要求，比如爸爸的鞋摆放在哪里，妈妈的鞋摆放在哪里，只要要求不是特别过分，父母完全可以尊重孩子的意愿，满足孩子的秩序要求。

2. 秩序敏感也应该有规则和底线

如果孩子的秩序要求不过分，父母可以尊重孩子的意愿，但是父母也应该注意一点，如果孩子所要求的秩序，超越了规则和底线，那么父母就不能再盲目迁就孩子了。我听说过这样一件事情，有个正处于秩序敏感期的孩子，对任何事情都要求非常完美，每次妈妈帮他剥火腿肠的皮，必须剥得极其干净，如果不小心剥掉一点儿肉，孩子就会哭闹、发脾气，伸手打掉这个"破损"的火腿肠，甚至还会对妈妈挥舞起小拳头。这个孩子为了维护火腿肠完美的秩序要求，不仅造成了食物浪费，而且还做出了打人的举动，这已经超过了一定的原则和底线。这时候，父母就不能一味迁就孩子了，而应该拿出严厉的态度纠正孩子的行为。

3. 父母可以利用秩序敏感，引导孩子养成一些好习惯

孩子在秩序敏感期能否获得充足的安全感，对孩子的性格养成非常重要。与此同时，父母还可以利用孩子在秩序敏感期的行为表现，引导孩子养成一些好的习惯，比如，父母可以趁孩子对玩具摆放有强烈的秩序要求时，慢慢引导孩子学习收拾玩具等；利用孩子对生活起居的顺序有强烈要求时，引导孩子养成一些良好的生活习惯，教育孩子饭前便后要洗手，吃完饭要擦桌子，等等。

当孩子进入可怕的秩序敏感期之后，父母一定要有强大的内心，去包容孩子的种种执拗行为。如果我们能帮助孩子度过这段可怕的秩序敏感期，那么孩子不仅会获得充足的安全感，还会对规则和秩序有一定的感悟。

动作发展黄金期——2 岁孩子的运动发展特点

　　孩子从出生开始，就进入了动作敏感期，刚出生的婴儿会做出吸吮的动作，还会用小手在空中抓握。我国有句俗话叫"三翻六坐七滚八爬"，也就是说，不同月龄的婴儿有不同的发育表现。孩子在不同的年龄段，也会通过发育和训练获得一些运动能力。1 岁左右的幼儿能逐渐学会走路，2 岁左右的孩子能逐渐学会跑跳。总而言之，孩子在 0~6 岁动作敏感期内，运动能力会不断得到提升，所以父母应该抓住孩子动作发展的这一黄金期，多带孩子到户外进行运动，增强孩子的运动能力。

　　孩子的动作发展一般分为两种：一种是大动作运动，包括全身的运动、四肢的运动；另外一种是精细动作，比如手指抓握、手眼协调、手和身体的协调动作，等等。父母应该抓住孩子的动作发展关键期，有意识地带领孩子进行大运动和精细动作的训练。增强孩子的运动能力，不仅能让孩子有一个健康的身体，而且还会促进孩子大脑的发育。孩子的运动能力越强，对大脑的刺激也就越激烈，得到刺激的大脑反过来会更好地指挥身体各器官的运动，让孩子的肢体活动愈加熟练。所以说，带领孩子进行体育运动，是一件有益于身心发展的好事情。

当孩子进入动作敏感期之后，父母不应该对孩子有过多的束缚或保护，而应该尽可能地让孩子自由地运动。有些父母担心孩子在户外活动风吹日晒，于是便给孩子购买了商场游乐卡，而有的父母则会把孩子圈在家中，给孩子用围栏设置一个安全的游乐区，让孩子坐在里面玩玩具。这些做法，都不利于孩子的成长发育。

曾看过这样一幅漫画：有两棵竹笋，一棵长在室外，一棵长在室内。长在室内的竹笋，没有风吹日晒，却长得又矮又小，而在室外的竹笋，经受着风吹雨打，在环境的历练下长得非常茁壮。这幅漫画告诉我们一个道理：生命需要经过历练，才能茁壮成长。所以我认为在确保孩子安全的前提下，应当放手让孩子多去户外运动，多让孩子跑一跑、蹦一蹦，哪怕孩子不小心摔倒了，也没有关系，告诉他爬起来就可以了。

2岁的孩子，生长发育开始急剧加速，几乎一天一个样子，父母千万不要错过孩子动作发展的黄金期，别让过度的保护成为阻碍孩子健康成长的绊脚石。

侄子1岁半的时候，我曾带他到一个很大的体育场内去玩。体育场里有十几级台阶，他在台阶上手脚并用，"噌噌噌"地往上爬，而我则跟在他的身后，小心地护着他，他像一只小猴子尽情地释放着自己的体能，开心极了。这时，周围有好心的大爷大妈走过来跟我说，"孩子太小，小心摔下来"，我微笑着表示感谢，但并没有把侄子从台阶上抱下来。在确保孩子安全的情况下，我想让他尽情地运动，因为这对他的成长很有帮助。

侄子现在已经9岁了，他的运动能力一直很强，身体特别结实，动作也特别敏捷，每年寒暑假他都会带着弟弟妹妹们在外面撒欢跑跳，开心玩耍。小侄子上学之后，也表现出了非常独立的性格特点，不用父母操心，他能自己注意安全上学放学。所以，我觉得，让孩子在小的时候多做一些体育运动，对他的成长是非常有益的。

一般而言，2 岁左右的孩子，应该达到一个什么样的运动标准呢？父母不妨根据下面的标准，来判断一下孩子的运动能力。

1. 大动作运动

2 岁左右的孩子在大动作运动方面应该达到以下标准：能扔球，身体可以自如地行走，可以快速地跑跳，也可以从楼梯上自由上下，等等。但是，这个时候的孩子，大动作运动也存在一定的不足，比如，孩子跑步的时候很难停下来，拐弯也有一定的难度，这时父母一定要注意孩子的安全问题，应在家里的桌角或者墙角设置一些防撞条，以免孩子受伤。

2. 精细动作

2 岁左右的孩子，在精细动作方面有了明显的发展，比如，他可以用勺子舀饭吃，能用手握住笔，简单地画画等，但不会控制运笔的方向和力度，所以画出的画总是一团乱麻，基本看不出"真迹"。程程 2 岁时给爸爸送的生日礼物，就是一张画满了各种线条的"抽象派"作品。

通过对比以上两种运动的标准，如果你发现孩子的运动能力不达标，那就要及时调整自己的养育措施和训练方法，多带孩子去户外运动，不要把孩子禁锢在室内，刻意地保护孩子。

当然，为了调动孩子运动的积极性，父母完全可以参与进来，和孩子一起进行一些亲子互动游戏，比如一起玩捉迷藏、老鹰抓小鸡等游戏，让孩子在游戏的过程中不断提升自己的运动能力。

第 5 章

社交萌芽期——2 岁孩子的社交特点

　　2岁的孩子几乎没有社交概念，他们只关注自己的需求，跟小朋友玩耍的时候，大多是各玩各的，只能进行一些"平行游戏"。但是，他们开始有了一些社交的萌芽。

2岁孩子几乎没有社交概念

2岁的孩子更关注自己的要求，在外人眼里会表现得比较自私，因为他们不会设身处地考虑别人的感受。如果你观察一下就会发现，两个2岁左右的小孩在一起玩耍，一个孩子摔倒了，正在伤心地哭泣，另外一个孩子有可能抬头看一眼，便低下头自顾自地继续玩自己的玩具。这种行为在大人眼看来，多少会显得有些冷漠，但是这跟孩子的品质并没有直接的关系，只是孩子在特殊的成长阶段所表现出的行为特点，父母没必要过于担心。随着孩子逐渐成长，当他们开始有了社交意识和交往需求之后，便不会再表现得这么冷漠。

希希去公园玩耍，每次出门前，我都会给她带一些沙滩玩具。来到公园，她先在滑梯上爬上爬下，玩腻了，就自己拿着沙滩玩具，找一块场地，自己坐在那里玩沙子。沙池里有很多小朋友，有同龄的，有比她大一点儿的，但是她从来不会主动走过去跟别人玩。有时候，我想让她跟别的小朋友一起玩，便把她的沙滩玩具挪个位置，比如挪到人群里，但希希也只是转个方向，依然坐在那里，自顾自地玩耍。

希希的这种行为表现其实就是 2 岁孩子典型的社交表现，只关注自己的需求，陶醉在自己的世界里，身边有多少个小朋友，都跟她没有关系。她的姐姐程程 2 岁左右，也是自顾自地玩耍，那时候看到程程那样，我多少还有点儿担心，因为当时我对孩子的社交特点还没有太深入的了解，总是自作聪明地把程程往人群里推，想让她变得更合群一些，现在想想这种担心是多余的。等孩子长大一些，过了这个年龄阶段之后，不用父母操心孩子就会主动结交朋友。现在，再带程程去公园或者游乐场玩耍，根本不用我操心，程程就会主动给自己"物色"合适的游戏玩伴。现在的她，性格大方，也非常乐观，事实证明，我曾经的担心只是杞人忧天罢了。

如果父母发现自己 2 岁左右的孩子，表现出了和希希一样的行为特点，根本不必太过焦虑，父母只需要尊重孩子的玩耍需求，不要苛责孩子，也不要硬逼着孩子去跟别的小朋友一起玩耍，等他长大一点儿，自然就好了。

下面，我们就来具体分析一下 2 岁孩子的社交和游戏特点。

1. 进行"平行游戏"

"平行游戏"，就是几个孩子尽管坐在一起，但是却自己玩自己的玩具，相互之间不主动交流。2 岁孩子在游戏的过程中，大多进行的都是这种"平行游戏"，谁也不理睬谁。当然，在这个过程中，孩子偶尔会用眼睛观察一下旁边的孩子，但是很快又会投入到自己的游戏中，并不会主动走过去，跟其他孩子一起玩耍。

2. 进行"平行模仿"

"平行模仿"，指的是孩子会模仿跟他身份地位相同的孩子的举动，这个行为说明孩子已经有了初步的社交萌芽。几个孩子在一起，各玩各的，尽管谁都不搭理谁，但如果其中有个孩子做出了奇特的动作，而这个动作又被某个孩子看在眼里的话，他就会模仿同伴的这种行为。比如，希希看到旁边有个小朋友把沙子倒在模具里，然后把模具扣在地上，地上就会多出一个奇形怪状的东西。希希看到小朋友的这个动作之后，想了想，也把沙子倒在自己的模具里，然后照猫画虎地

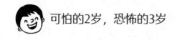

扣在地上。当孩子能够做出平行模仿的举动时，说明他已经有了初步的社交意识，父母便可以有意识地引导孩子主动跟小朋友交往了。

3. 不会考虑别人的感受

几个孩子坐在一起玩游戏，大家各玩各的，尽管会时不时地瞄对方一眼，却不会考虑别人的感受。如果身边有小朋友哭了，孩子顶多好奇地看一眼，很快就会低下头继续自己的游戏，根本不会感同身受。当我们看到孩子的这种冷漠表现时，不要随意给孩子贴上"冷漠自私"的标签，也不用太过于担心孩子的性格会内向孤僻，因为这只是孩子在特定年龄阶段的典型表现，跟性格和品质没有丝毫的关系。另外，2岁的孩子有"泛灵心理"，即这个阶段的孩子会赋予物体以生命色彩，比如觉得小草会渴，椅子会疼。如果父母想培养孩子的同理心，可以利用孩子的这个特点，引导孩子多关注别人的感受。

总而言之，2岁孩子并没有强烈的社交需求，而会下意识地呈现出一些社交萌动，比如观察对方、模仿对方，但是并不会主动交流，也不会考虑别人的感受。父母对这个年龄阶段的孩子，要抱着坦然、包容的态度，不要逼迫孩子去跟别人玩耍。

对同龄孩子感兴趣，但缺少互动

2岁左右的孩子，虽然没有社交概念，在玩游戏时，大多进行的是"平行游戏"，喜欢各玩各的，也不会考虑别人的感受，但我们应当意识到，2岁的孩子并不是"社交绝缘体"，他在关注自己需求的同时，也出现了一些社交萌芽，比如会有意识地观察别人，会模仿同龄小伙伴，这些举动说明，孩子的社交萌芽期到来了。

说到这里，我想起希希有一件很好玩的事情。小区有一个和希希差不多大的男孩，名叫涛涛，我们经常在公园的游乐场里碰面。初次见面，大人热情地希望希希和涛涛在一起玩耍，我们把孩子的玩具拿出来让他们一块玩，但整整一个上午过去了，我们发现孩子之间依然是各玩各的，没有太多的互动。第二次见面、第三次见面也是如此，你滑你的滑梯，我玩我的沙子，哪怕共同玩一个小球，也是你踢一脚走开，我踢一脚走开，并没有出现你追我赶，其乐融融的玩耍场面。

一周之后的一天，我带希希去游乐场玩耍，突然发现希希用手指着前方，"哼哼哼"个不停，我顺着希希手指的方向看去，竟然发现涛涛在沙池里玩沙子。而

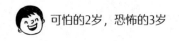

此时，涛涛也发现了希希的到来，也在兴奋地用手指着希希，两个人就这么互相指着对方，咿咿呀呀地叫了起来。

这个场景特别有趣，不过，我更加惊喜的是，希希和涛涛开始对同龄小伙伴有了关注，尽管他们在一起玩耍时仍然没有太多的互动，但至少说明，孩子对社交已经有了一定的兴趣和需求。

当孩子对同龄孩子产生兴趣和需求之后，妈妈就可以利用孩子的社交需求，有意识地引导孩子与其他小朋友进行互动了。比如，我们可以这样做：

1. 多带孩子参加集体活动

尽管孩子这时候还没有强烈的社交意愿，也不懂如何跟人互动交流，但这并不妨碍妈妈可以主动做一些事情，帮助孩子更快地融入人群。在有条件的情况下，妈妈可以多带孩子参加一些集体活动，在程程小时候，我会带一块大垫子到公园，铺在广场的空地上，在垫子上放一些玩具，不一会儿，就会有好几个和程程同龄的小朋友过来玩。有时候，我还会特意多带两套玩具，带着程程一起跟小朋友分享，尽管孩子这时候并不会主动跟人打招呼，也不会主动跟小朋友玩耍，但是他起码有了社交的意识和兴趣，迈出了与人交往的第一步。

2. 可以鼓励孩子和小朋友分享零食

孩子虽然不会与小朋友一起进行游戏互动，但是在吃零食这点上，往往兴趣一致。这时候，妈妈可以给孩子多准备一些零食，然后带着孩子一起跟小朋友分享。在分享零食的过程中，孩子对"交换"和"分享"都有了朦朦胧胧的意识，这种朦胧的意识对孩子将来学会分享非常有帮助。

我带希希出门的时候，经常给她准备一些零食，比如切好的水果、饼干或者小煎饼等，而涛涛的妈妈每次出门也会给涛涛准备一些零食，我们在游乐场相遇后，就会拿出各自的零食让两个孩子分享。拿出零食之后，我会递给希希，然后鼓励希希走过去递给涛涛。刚开始的时候，希希听不懂我的意思，但反复几次之后，希希听到我的鼓励，自己就会主动走到涛涛面前，把零食递给涛涛了。

3. 多引导孩子关注别人的感受

2 岁左右的孩子，只关注自己的内心需求，并不在乎对方的感受。但是父母可以在这方面做一些有益的引导，比如前面我们所说的，2 岁孩子的思维方式带有"泛灵心理"特点，喜欢给物体赋予人的感情。据我观察，孩子在喜欢的物体上会表现出更多的"泛灵心理"特点来。比如，希希非常喜欢它的熊猫玩偶，因此在熊猫玩偶身上，她的"泛灵心理"就会表现得特别明显，她认为熊猫会走路，会睡觉，会吃饭，是她最亲近的好朋友。如果我和先生不小心把熊猫摔在地上，她就会伤心地哭，认为小熊猫受伤了；每次我想洗熊猫，都要背着希希，因为希希发现之后，就会趴在洗衣机前伤心地哭泣，认为小熊猫在洗衣机里"很受罪"。利用希希的这种心理特点，我会引导希希了解"感受"是怎么一回事，比如，身旁有小朋友受伤了，我会蹲下来跟希希解释说："小朋友很疼，所以会哭，就像你的熊猫一样。"我相信希希听完我的话，会隐隐约约地对别人的痛苦有一点儿感同身受吧，因为她理解她的小熊猫疼起来是什么感受。

所以说，当你发现孩子突然对同龄小朋友产生了兴趣，比如长时间盯着同龄的小朋友，会关注小朋友在玩什么游戏时，你就可以有意识地引导孩子跟小朋友交往了。

和小伙伴争抢玩具，分不清你的我的

1岁多的小朋友不具备自我意识，你递给他什么玩具，他就玩什么玩具，当你从他的手里把玩具拿走之后，他可能会伤心地哭泣，但不会意识到你"抢"走了他的玩具。而等孩子到了2岁左右，他就开始有了自我意识，凡是他喜欢的玩具，他就要拿在手里，不管这些玩具是不是他的。这是因为，尽管孩子有了自我意识，但是对"你的""我的""他的"这些概念并没有清楚的认知，再加上这个时期的孩子往往都比较"自私"，只关注自己的需求，所以他看到自己喜欢的玩具，就要伸手抢过来。

公园的游乐场里，一些还没有上幼儿园的小朋友在愉快地玩耍，有的小朋友在玩扭扭车，有的小朋友在骑平衡车，还有的小朋友在玩沙子，大家相处得都很和谐。这时候，远处突然传来一阵凄厉的哭声，我扭头一看，原来是一个小女孩紧紧抓住一辆滑板车在哭泣，而滑板车上站着一个2岁左右的小男孩。无论小女孩如何尖叫哭泣，小男孩就是不放手。

这时小男孩的妈妈走了过来，小女孩的奶奶也赶了过来，小男孩的妈妈一脸尴尬地对小女孩的奶奶说道："对不起，我现在就让他下来。"面对妈妈的命令，小男孩哭着不肯从滑板车上下来。尽管妈妈一再解释"这是别人的东西"，可是小男孩依然不管不顾，大哭不止。过了一会儿，小男孩的妈妈逐渐失去了耐心，一把扯掉孩子握着滑板车的手，直接把小男孩从滑板车上拽了下来。

案例中小男孩的行为表现，非常符合2岁孩子的思维特点，我喜欢的玩具，我就想玩一下，而不会在乎你同不同意。他不懂得基本的社交规矩，不懂得在玩别人的东西之前，首先应该征得别人的同意。面对这样一个"胡搅蛮缠"的孩子时，暴力阻止是最愚蠢的一种解决办法，因为这么做除了让孩子学会以暴制暴之外，对解决问题没有任何意义。

当孩子因为分不清"你的"和"我的"这些概念，而做出抢夺他人玩具的行为时，我们应该采取怎样的教育方式呢？下面这些方法，建议大家了解一下。

1. 温柔而坚定地拒绝孩子的无理要求

当孩子抢夺别人的玩具时，我们可以理解孩子在特定年龄阶段的行为特点，但是作为父母，我们不能无视孩子的这种行为，而应该进行正向的引导。这时候，我们不能用粗暴的方式从孩子手里要走玩具，这样做会让孩子感觉非常没有安全感。但是我们也不能纵容孩子去抢夺别人的玩具，不能让孩子觉得，"别人的玩具只要我喜欢就可以抢过来"。在这种情况下，我们可以温柔而坚定地拒绝孩子的无理要求，不管孩子如何哭闹，我们不必生气，也不必发火，只需要耐心地一遍遍给孩子解释，"这不是你的玩具，要还给别人"，如果孩子不答应，那么我们就可以在原地"僵持"一会儿，直到孩子自己放手。

2. 任何时候，都不允许孩子动手

孩子在争抢玩具时，父母可以在旁边劝说孩子，但是应该坚持一个原则，那就是不允许孩子动手打人。如果父母漠视孩子的行为，允许孩子通过动手去抢夺别人的玩具，那么时间久了，孩子就会变得非常任性、霸道，认为动手是解决问

题的一个好办法，今后只要遇到自己喜欢的玩具，不用讲道理，也不需要跟别人沟通，直接动手就可以了。在这种意识支配下长大的孩子，将来会有一定的暴力倾向。所以，孩子在抢夺别人的玩具时，父母必须要有自己的原则和立场，应该坚定地告诉孩子，"打人是不对的，任何时候都不可以动手"。不光口头教育，父母在行动上也应该有所作为，当孩子做出打人的举动时，父母要及时把孩子拉开，不能纵容孩子。

3. 无论多么生气，大人都不能动手打孩子

孩子抢夺别人的玩具时，动手打人是需要及时制止的。同样的，大人无论怎么生气，也不能动手打孩子，尤其是面对一个心智还不成熟的孩子时，动手打他更是一个非常愚蠢的举动。我在外面，偶尔会碰到有些脾气非常暴躁的父母，当他们看到孩子在公共场合做出抢夺别人玩具的举动时，首先想到的是自己的面子和尊严，觉得孩子的这种行为让自己丢脸了，所以为了挽回自己的面子和尊严，便会直接冲着孩子大吼，或者动手打孩子，以此来表明自己是一个"会管教孩子"的父母。要知道，教育的目的是为了让孩子明白道理，而不是让孩子屈服于父母的权威，被迫去接受一个自己不理解的行为。如果你因为孩子抢夺玩具而动手打了孩子，他不会明白自己错在哪里，只会让他误解——原来暴力可以让一个人屈服，那他下次想抢玩具的时候，也会模仿大人的行为，做出更强烈的攻击性行为来。

孩子到了可怕的2岁，会做出一系列不可理喻的行为来，这些行为在大人看来非常没有教养，因此很容易做出过激的举动来。但是，等我们了解了孩子成长发育的规律之后，就会对孩子多一份理解和尊重，即便他抢了别人的玩具，我们也能理解，这只是这个年龄阶段的孩子做出的再正常不过的举动，无关乎教养和品性。

占有欲很强，希望所有东西都归他

2 岁左右的孩子，之所以会认为所有的东西都归他，是因为他进入了物权敏感期，对物品的归属已经有了一定的意识。同时，他们的出发点往往以自我为中心，只关注自己的需求，常说的话是"我的、我的"，这个阶段他对别人的东西和自己的东西还没有清晰的概念，当他看见喜欢的东西时，会下意识地希望这些东西都归他，因为他只在乎自己的感受。

认真留意一下我们会发现，在公共场所，孩子们的手推车、扭扭车、平衡车都放在一起，2 岁左右的孩子经常会做出这样的举动——当他发现自己喜欢其中一辆漂亮的小车子之后，根本不考虑这辆车子是不是自己的，就会径直走过去推着车子玩。但是稍大一点儿的孩子，一般就不会这样做，因为随着心智的发展，他能逐渐分清"自己"和"他人"的区别在哪里，不经过别人的允许，他一般不会去触碰别人的玩具。

孩子在特殊阶段出现占有欲强的行为非常正常，父母应该多理解孩子的行为，而不能采用粗暴的方式来解决孩子之间的纠纷。但这并不意味着我们可以放任不管，任由孩子肆无忌惮地去占有不属于自己的物品，这会让孩子变得非常自私霸道。

2岁的阳阳是家里的"宝贝疙瘩"，爷爷奶奶、爸爸妈妈平时都比较宠他。每天上午，奶奶都会带他去家门口的公园玩，阳阳在公园看到别的小朋友的玩具，不经过任何人的同意，就拿过来玩。奶奶觉得孙子还小，还不懂得"别人的东西不能随便动"的道理，所以看到孙子的这些行为，通常只是笑着站在旁边，提醒孙子当心摔倒。

有一次，另外一个小男孩看到阳阳正推着他的小推车在玩，于是便走过来，要抢回自己的小推车，可是阳阳使劲拽着不放手。正当两个男孩僵持不下的时候，阳阳的奶奶走了过来，对另外一个孩子说："让弟弟玩一下你的小车好不好？"对方大叫着说："不！"眼见对方死活不同意，阳阳奶奶只好劝自己的孙子说："阳阳，哥哥太小气，我们不玩了，回家让爸爸给你买一个这样的小推车。"

案例中的阳阳作为一个2岁左右的孩子，占有欲很强，他喜欢别人的小推车，就想要抢过来自己玩，而根本不在乎这辆小推车是不是自己的。我们可以理解孩子的这种行为，却不能放任这种行为。当孩子出现抢夺别人玩具的行为时，父母应该采取正确的教育方法，来引导孩子的思维和行为。

1. 不要粗暴地抢夺孩子手上的玩具

如果孩子拿走了别人的玩具，我们不应该采取粗暴的方式，从孩子手里把玩具夺回来，替孩子交还给对方，因为这会让孩子觉得自己的心灵受到了很大的伤害，甚至会因此而号啕大哭。因为当孩子这么做时，他并不知道自己的行为是错误的，反而会认为自己的行为是理所当然的。在这种情况下，父母如果采取粗暴的处理方式则会让孩子感觉非常委屈，觉得父母不分青红皂白就替对方出手，而不是帮助自己，这会让孩子感觉没有安全感。

2. 父母不能放纵孩子的占有行为

一般情况下，2岁孩子拿走了别人的玩具，并无恶意，他只是想玩那个玩具而已，我们可以理解孩子，但不应该纵容孩子，而应该把正确的道理讲给孩子听。当孩子抢夺了别人的玩具，不愿归还给对方时，我们应该走过去耐心地告诉孩子："这是别人的玩具，我们应该还给对方。"当你反复跟孩子强调这是别人的玩具之后，孩子潜意识里就会对"别人"和"自己"逐渐有一个清晰的概念。也许第一次跟孩子讲道理时，孩子并不明白，但是次数多了，孩子自然就会懂得"别人的玩具不能随便碰"这个道理。案例中，阳阳奶奶处理事情的方法非常不妥当，她只考虑自己的孙子阳阳，想让对方把玩具让给阳阳玩，这只会让阳阳变得自私霸道。

3. 可以用转移注意力的方法来缓解尴尬的局面

当孩子因为玩具而争得面红耳赤，甚至号啕大哭时，直接把玩具抢过来是最糟糕的做法，它只会让孩子哭声更大，让场面变得更加尴尬。正确的办法应该是尽快转移孩子的注意力，让孩子放开手里的玩具，去找其他东西玩。孩子的注意力非常短暂，很容易被其他更好玩的东西、更有趣的事情所吸引，所以父母可以这样跟孩子沟通，"滑梯也很好玩，我们去滑一下吧"，或者"我们一起去堆个城堡吧"。一般情况下，孩子听到这样的建议就会放弃哭闹。当然，对于一些性格倔强的孩子而言，也有可能依然抱着别人的玩具不撒手，这种情况下父母可以把孩子轻轻抱起来，先带孩子离开这个地方，等孩子情绪平复之后，再慢慢把道理讲给孩子听。

除此之外，"交换玩具"也是一个很好的解决办法，当孩子抢夺别人的玩具时，父母不妨在出门时多给孩子带些玩具，让孩子试着拿自己的玩具跟对方交换。总而言之，当孩子表现出强烈的占有欲望时，我们要通过温和而耐心的引导，让孩子知道"别人的东西不能随便拿"这个基本的道理。

打架只是孩子之间的一种沟通方式

2岁孩子之间发生冲突的原因，就是抢夺零食或玩具，从真正意义上来说，2岁孩子之间的肢体冲突并不能称之为"打架"，充其量只是一种并不礼貌的"沟通方式"而已。

2岁的月月和她的小伙伴鑫鑫一起滑滑梯，月月爬到滑梯上面，看着高高的滑梯突然有些害怕，所以就愣愣地站在上面，不敢往下滑。而鑫鑫的胆子比较大，她很快就爬到了滑梯上面，看到被月月挡住了去路，为了快点儿滑滑梯，她直接伸手推了月月一把，想从月月的身边挤过去。月月被鑫鑫推了之后，立刻号啕大哭起来。之后，反应过来的月月直接伸手在鑫鑫的脸上挎了一下。

听到孩子们在滑梯上的惨叫声，妈妈们急忙跑向滑梯，把各自的孩子抱了下来，看到两个哭得泪水涟涟的孩子，两位妈妈不禁笑着说道："这才2岁多就学会打架了，长大了还了得？"

其实月月和鑫鑫的这种表现，只是他们这个年龄段孩子的一种沟通方式。因为孩子在遇到问题时，无法用完整的语言和清晰的逻辑来表达自己的思想，所以下意识做出了动手的行为，这种动手行为严格意义上来说并不是打架，而只是一种直接的沟通方式。当然，除了语言能力并不发达之外，孩子采用打架的方式来解决问题，还有其他几个方面的原因，我们一起来看看吧。

1. 孩子正在长乳牙，所以爱咬人

口腔是孩子获得愉悦、探索外部世界的一个很重要的器官。一岁多的孩子拿到物品之后，都喜欢把它塞在嘴里咬一咬，以此来判断这个物品是否"可口"。妈妈喂宝宝吃饭的时候，一不小心宝宝就会张口在妈妈的手指上咬一下，他其实并不是想故意咬人，只是下意识的举动而已。另外，乳牙在萌出的过程中会刺激牙床，让牙根发痒，孩子便会通过咬人、咬东西的行为来缓解不适。一般而言，20 颗乳牙在孩子 2~2 岁半的时候会全部萌出，如果 2 岁左右的孩子出现喜欢咬人或咬东西的举动，那么也许只是他在长乳牙期间的一种生理反应而已。

2. 动手只是条件反射下的一种本能

大人在生气的情况下，一般会有两种处理方式：一是会通过语言和对方沟通，向对方表达自己的想法；二是会找一些合适的发泄途径来疏解自己的烦闷情绪，比如跑步、唱歌，等等。这两种发泄情绪的途径，2 岁左右的孩子都无法采用，除了哭闹之外，他们剩下的"武器"就是自己的一双小手和两条小腿，一双小手能推人，两条小腿能踢人。对于孩子而言，这就是他们在遇到危险或者非常气愤的情况下，所能使用的防御武器和发泄方式。换句话说，当孩子遇到问题时，动手只是他们条件反射下的一种本能而已。

3. 孩子无法预知动手之后的后果

成人动手是要承担后果或付出代价的，所以一般情况下，很少有成人愿意通过打架的方式来解决问题，因为他们能够预见到动手之后的法律后果，所以大人发生矛盾或纠纷后，会尽量克制自己不随便动手。孩子之所以会做出动手打人的行为，是因为他们根本无法预知动手之后的后果，所以想打就打，只要一时舒服

就可以了，至于打架之后要承担什么样的后果和责任，小孩子一概不管。等孩子稍微长大一些能够听懂道理时，父母就不能无视孩子的这种动手行为了。一旦孩子动手，父母就应当对孩子进行严厉的批评和惩罚，那么孩子因为考虑到动手之后的后果，就会抑制自己想动手的冲动。

4. 爸爸妈妈对打架行为的漠视，也会助长孩子的打架行为

我们可以理解孩子喜欢用动手来解决问题的思维局限性，但是这并不意味着我们可以纵容孩子去动手打人。任何时候，一旦孩子动手，父母就应该及时站出来，明确告诉孩子，"打架这种行为是不对的""不应该动手打人"。如果父母跟孩子讲完道理之后，孩子依然不听劝告，还要继续咬人、打人、踢人，那么在这种情况下父母就应该及时抱走孩子，制止孩子的行为。这么做，同时也是在给孩子传递一种信息："我绝对不允许你动手打人"。孩子会通过父母的态度来选择自己的行为，他们如果看到父母对自己非常宠溺，即便自己动手打了人，父母也不会阻止，那么下次他就会更加肆无忌惮地动手打人，因为他觉得反正有父母在身后支持他。

当2岁的孩子出现打人行为时，父母没必要上纲上线，觉得自己的孩子天生就喜欢动手，这只是它们用自己的沟通方式在解决问题而已，并不是想故意打人。但是，我们也应该注意一点，任何时候，都不应该纵容孩子的打人行为，父母应该拿出坚定的态度告诉孩子"打人是一种不好的行为，以后不能这样做"。

第 6 章

轻松搞定 2 岁的 "小恶魔" ——与 2 岁孩子 相处的技巧

跟2岁的孩子相处时，光讲大道是没有用的，父母需要掌握一些轻松搞定孩子情绪的小技巧。技巧得当的话，"可怕" 的孩子也会变得很可爱。

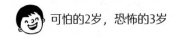

理解孩子的内在发展规律，接纳他

接纳的前提是理解，当你理解了一个人的心理之后，便能逐渐接纳他的行为，我们养育孩子的过程，其实就是不断地了解孩子的发展规律，然后不断接纳他各种奇奇怪怪行为的过程。在这个过程中，父母要能够包容和理解，用发展的眼光去看待一个不断变化的孩子。

孩子2岁左右，很多父母之所以会出现崩溃的状态，是因为欠缺一定的教育理论知识，他们不知道孩子在特定的年龄阶段会呈现出怎样独特的行为特征来，他们只会站在自己的角度和立场，去看待一个不断变化的孩子。这种不平等的评价和审视，会让一个总是心怀期望的父母，频繁地陷入崩溃和失望之中。

2岁的孩子非常淘气，他们经常在家里"大闹天宫"，把面粉撒在地上，玩"天女散花"的游戏，把妈妈的化妆品抹得满脸都是……2岁的孩子，每分每秒都在考验着父母的心理承受能力。

程程2岁时也是如此，她带着表弟，悄悄躲在卫生间里玩游戏，过了一会儿，我推门进去，结果看到了两个满头白发的"老年人"，他们两个把满满一管牙膏都挤了出来，学着我涂化妆品的样子，把牙膏涂在脸上、头发上，一边涂，一边笑嘻嘻地在镜子里欣赏自己的"美貌"。还有一次，我刚买了一瓶保湿水放在梳妆台上，可是等到第二天要用的时候，怎么也找不到了。后来我把程程叫过来，问她有没有看见我的保湿水。结果程程笑眯眯地把我领到洗衣机前，指着洗衣机桶告诉我："我倒进去洗衣服了。"原来，她看到过大人用洗衣液洗衣服，又看到梳妆台上的瓶子很像洗衣液，于是便想把瓶子里的水倒进洗衣桶里，想试试这种水是不是也可以洗衣服。

我们小时候，如果这样做，换来的至少是一顿狠狠的责骂，但是我做了妈妈之后，因为懂得了孩子的成长发展规律，知道孩子在特定的年龄阶段会呈现出独特的行为特征来，所以会理智地看待和处理。但这些行为在很多父母眼里，是非常淘气、幼稚、不可理喻的，他们不能理解孩子，经常会发出这样的感叹"为什么你不听话？""为什么你不懂事？""为什么你不能体谅父母的辛苦？"父母越不理解孩子，就越容易情绪激动，越控制不住自己的行为，所以很多父母都会直接责骂、吼叫，甚至动手打孩子。其实父母不了解这个年龄阶段的孩子，他的思维水平、认知水平，决定了他现在就是一个"不听话""不懂事"的孩子，他无法感同身受，无法换位思考，无法体谅父母的辛苦，但这就是真实的孩子，也是孩子在成长过程中的真实状态，当你不理解他时，就会觉得他淘气、不听话、很烦人；当你理解了他时，即使他再淘气，在你看来也觉得很可爱，这就是理解所带来的神奇变化。

有一个周末，我带程程去图书馆看书，图书馆有独立的儿童阅览室，进去之后，我发现儿童阅览室里面竟然还分了两个阅览室，其中一个是四五岁以上的儿童阅览室，另外一个则是为3岁以下的宝宝设立的阅读活动区域。两个阅览室呈现出截然不同的两种氛围，只见3岁以下的宝宝阅览室里，有的孩子被书上的小动物逗得哈哈大笑，有的孩子则在书架旁边跑来跑去，玩着"躲猫猫"的游戏。而四五岁以上的儿童阅览室则相对安静许多，孩子或自己阅读，或听妈妈讲故

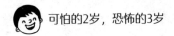

事，秩序井然。

根据皮亚杰的儿童认知发展理论，2~7岁的儿童正处于前运算阶段，这个年龄阶段的孩子在认知上会表现出"泛灵性""自我中心""思维不可逆""未获得物体守恒性"等一系列认知特点。而2~3岁的孩子恰好处于这个阶段的起点，他们考虑问题以自我为中心，不会按照外部的规则去约束自己的行为。"保持安静"的规则对他们而言几乎形同虚设，他们只会遵从自己的内心来选择自己的行为。比如，听到一个有趣的故事，就会哈哈大笑；看书看累了，想要在书架旁边玩游戏时，就会立即围着书架转圈圈，兴奋时甚至会旁若无人地发出尖叫声。

图书馆为儿童设置独立阅览室，正是考虑到儿童的身心发展具有顺序性、阶段性、不平衡性、差异性等一系列规律。作为父母，我们也应该多了解一下孩子的身心发育规律及认知发展规律，用科学的眼光去看待孩子在特定年龄阶段所表现出来的特殊行为，不要动不动就批评孩子"好动、淘气、不听话"，或者动不动就怀疑孩子有"多动症"。对孩子多一分包容和理解，孩子才能更好地按照自己的发展规律健康地成长。

2 岁孩子学习力超强，要给孩子树立好榜样

2 岁的孩子学习力超强，几天不见，就变化惊人。这个年龄段，孩子的协调能力、阅读能力、模仿能力等各方面的能力都在飞速进步，父母千万不要错过孩子宝贵的学习时机。

朋友的孩子 2 岁半时，孩子的姥姥带孩子回了趟老家，孩子见到了许久未见的姥爷，在乡下住了半个月。孩子回来之后，妈妈发现孩子很多的行为举止都跟姥爷非常像。比如，孩子会用小手撕一片卫生纸，然后把卫生纸捏成一团，塞在耳朵里，学着姥爷的样子掏耳朵；又如，早上起来，孩子会用两只手反复拍打小腿，像姥爷那样疏通一下筋骨，等等。

2 岁孩子的学习能力惊人，模仿能力也惊人，所以在这段时期，父母应该注意自己的言行，给孩子树立一个良好的榜样。

在我的记忆里，大女儿程程在 2 岁多到 3 岁这个阶段，记忆力的确非常好，带她认识的东西，复述一两遍，她就能准确地记住；在外面看见某个物品，我把

物品的英文名称教给她，她竟然能用标准的发音说出来；孩子的爸爸有空的时候，会教她背一些简单的诗，父女俩一起朗读两三遍，程程很快就能记住了，这让我非常惊讶。2岁孩子的学习能力是有先天的生理优势的，父母一定要抓住孩子大脑发育的黄金期，多让孩子接受一些新的刺激。另外，科学研究还表明，后天的教育与训练能刺激大脑各功能区域的发育，所以儿童个体差异从这个时候开始逐渐表现出来。也就是说，2岁孩子普遍都有超强的记忆力，但是后天的教育和训练能进一步刺激大脑的发育，让孩子进一步产生个体差异。

那么，在对孩子进行后天的教育和训练时，父母应该注意哪些方面呢？

1.多带孩子看看外面的世界

在有条件的情况下，父母应该多带孩子走出家门去看看外面的世界，让孩子接受一些视觉上的冲击。孩子在看到某一具体物体之后，会对这一物体的认识更加深刻，所以我们在教育孩子时，千万不要把孩子禁锢在书本上面，而应该让孩子通过接触大自然去学习不同的知识。我们甚至可以多带孩子去逛逛超市，在逛超市的过程中，引导孩子认识蔬菜或其他商品的形状、颜色、种类等，让孩子在新的刺激中，不断提升感官能力。

2.结合具体事物，教孩子数数

我们可以有目的地教孩子数数，比如，我们在小河里看见了几只鸭子，可以"1234……"数给孩子看；我们在超市里看到了几颗白菜，也可以用这样的方法教孩子数数，让孩子对数字有一个直观的感受。数学学习不一定非要学习干巴巴的数字，大自然中的很多物品，都可以成为孩子学习数学的工具，而且这种教育方式与传统的书本教育相比，更能激发孩子学习的热情。

3.一定要带孩子在"玩中学，学中玩"

我们在培养孩子学习能力的时候，一定要遵循一个教育原则，那就是一定要带孩子在"玩中学，学中玩"，让孩子把学习和玩耍有效地结合起来。孩子在3岁之前，最重要的不是学习具体知识，而是培养浓厚的学习兴趣，保持学习的热情和欲望。随着年龄的增长，孩子的学习会越来越辛苦，也需要投入更多的关注和耐力。这种情况下，学习兴趣就显得至关重要了。举个例子，一个对学习有浓厚兴趣的孩子，在学习的时候，只需要调动5%的精力与"懈怠"做对抗，剩余95%的精力可以全部投入到学习中，而一个讨厌学习的孩子，却需要调动60%的精力与"懈怠"做对抗，而用40%的精力来学习，这两种状态下学习效果的差异就显而易见了。

　　所以，对于2岁的孩子而言，更应该加强学习兴趣的培养，而不是灌输知识，这一点需要注意。

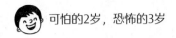

巧妙转移孩子的注意力

2岁孩子变脸特别快，一会儿喜笑颜开，一会儿又号啕大哭，当孩子被负面情绪所困扰时，采用打骂或者讲道理的方式都无法让孩子平静下来。这时候，最有效的办法就是巧妙转移孩子的注意力，当孩子的注意力从悲伤的事情转移到喜悦的事情上时，他的心情很快就能平复下来。

记得我小时候，每次一摔倒，母亲的第一反应不是扶我起来，而是装作惊讶的样子问我："你是不是在地上捡到我丢的钱了？"正准备号啕大哭的我顾不上哭泣，第一反应就是低头在地上认真地找一找，看我是不是真的捡到了母亲丢在地上的钱。找了一会儿，发现地上没有钱之后，咧咧嘴巴再想哭，却已经没有哭的欲望了。

母亲帮我照看二女儿希希时，希希一屁股摔在地板上，正准备哭的时候，母亲也是装作惊讶的样子，冲希希说道："你把我的地板都坐坏了，你知不知道呀？"正想哭的希希扭头看看硬邦邦的地板，发现自己并没有坐坏，这么一折腾，就忘记了哭泣。不得不说，母亲这套转移注意力的方法非常有效。而且母亲在转移孩子的注意力时，无论从语调、神态还是动作上都非常入戏，把孩子哄得团团转，所以说掌握一些转移注意力的技巧，关键时刻还是派得上用场的。

除了"演戏"之外，我在实践中还摸索出了几种转移孩子注意力的方法，跟大家分享一下。

1. 低声附在孩子耳旁说话

当孩子正在大哭大闹时，你一本正经地给孩子讲道理，无异于"对牛弹琴"。这时候，你可以低声附在孩子耳边，悄悄地用另外一件事情来转移孩子的注意力。比如，当孩子跟小伙伴正在抢夺一辆玩具小汽车，闹得不可开交时，你可以低声附在孩子耳边，这样跟孩子说："你看这辆小汽车轮胎这么小，跑起来一点儿都不快，旁边那辆小汽车轮子明显大很多，我们赶紧去找那辆小汽车玩好不好？"你制造的悬念越有吸引力，孩子就越相信你说的话是事实，很多孩子这时候就会丢掉手头的玩具，迅速跑过去拿你所说的那个玩具玩。

2. 我们一起做个游戏好不好

孩子比我们大人更容易感受到快乐，有时候一个简单的互动游戏就可以迅速转移孩子的注意力。当孩子陷入悲伤或气愤的情绪中无法走出来时，我们可以提议跟孩子一起玩一个互动游戏。当然，这个游戏应当是孩子感兴趣的，这就需要我们首先要了解孩子的喜好。我女儿希希最喜欢玩的游戏是躲猫猫，我把自己藏在门后面，探出脑袋，她也探出脑袋，我们互相看着对方；我把脑袋藏起来，她也会学着我的样子，把脑袋藏起来，我们乐此不疲。要知道，2岁左右的孩子，情绪来得快，去得也快，只要妈妈提出好玩的建议，孩子一般都会欣然答应。

3. 蹲下来，温柔地抱抱孩子

当孩子陷入负面情绪的泥潭时，父母的任何话语都会显得苍白无力，这时候我们不妨蹲下来，温柔地抱抱孩子，让孩子感受一下拥抱的温暖，那么孩子的注意力很快就会从悲伤的事情中转移出来，把关注点放在父母的拥抱上面。然而，这种温柔的转移注意力的方法，经常被很多父母忽视。当孩子在大哭大闹时，父母下意识的反应就是讲道理或者责骂孩子，这只会进一步刺激孩子，让孩子深陷在负面情绪里无法解脱。程程小时候摔倒了，伤心哭泣的时候，我什么话也不说，而是走过去将她拥入怀中，轻抚几下她的后背，她哭几声后，很快就会安静下来。

4. 及时递上零食，也是一个妙招

2 岁的孩子，根本经不住零食的诱惑，所以当孩子大喊大叫或者伤心哭泣时，及时给孩子递上零食，也是一个很好的安抚办法。我有一次出门，看到一个 2 岁多的小女孩在哭泣，因为她的姐姐拿了一支棒棒糖却舍不得给她吃一口，所以她哭得非常伤心。这时候，我从包里拿出一块玉米糖，递给了这个小女孩，小女孩在接到玉米糖的那一瞬间，就停止了哭闹。鉴于零食的巨大"魔力"，一般我带希希出门时，都会在包里带几样适合孩子吃的零食，遇到突发情况我就会及时拿给希希，希希很快就会平静下来。需要注意的是，在选择零食的时候，最好能选择一些有益于孩子身体健康的食物，比如纤维饼干、新鲜的水果、小煎饼等，最好不要给孩子吃那些糖分、盐分过高的零食。

在安抚孩子的情绪时，父母应该像魔术师那样，不断推陈出新，巧妙地转移孩子的注意力，把孩子从负面情绪中解救出来。

要学会正确地给孩子发出指令

很多父母这样抱怨，"我让孩子做件事，吼了无数遍，孩子才听见"。如果每次做事情，都需要你喊四五遍，孩子才能接受到你的信息，那就说明你的沟通方式是很糟糕的。因为它会让孩子形成一种思维定式：既然每件事情妈妈都要喊四五遍，那我先不着急做，她现在才喊第二遍，等她喊第五遍的时候，我再动手做吧！你看，当你用错误的方式给孩子发指令时，其实就让孩子和你同时陷入了一种恶性循环的沟通困境。刚开始，你需要喊两遍，孩子才听你的话；过了一段时间，你需要喊五遍，孩子才会听你的话；慢慢地，甚至可能需要喊七八遍，孩子才能"听见"你的话。

我有个朋友，她跟孩子说话，总喜欢用吼叫的方式，比如，她把饭做好了，想喊孩子来吃饭，就会一连串地喊个不停，"过来吃饭，听见了没有""快点儿来吃饭，吃个饭还让我催""再不过来吃饭就别吃了！"我大概数了一下，在不到两分钟的时间内，朋友已经用吼叫的方式催了孩子四五遍，而且每催一遍，她的情绪就会更加激愤，说话的语调更加高亢，语速也越来越快。结果呢，孩子却总是

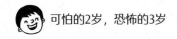

一副不慌不忙的样子，慢悠悠地走过来吃饭，一点儿也不害怕妈妈——"反正你吼你的，我吃我的"。

我跟朋友建议，你在给孩子发指令的时候，试着让自己的语速慢一点儿，语调低一点儿，次数少一点儿，你坚持一段时间，再去看看孩子的反应，孩子一定比现在更听话。可惜的是，朋友听完我的建议，摇了摇头说："家家有本难念的经，孩子跟孩子不一样，我家的孩子就得靠吼叫，他才能听得见我说话。"很难想象，如果朋友继续采用吼叫的方式跟孩子沟通，随着孩子越来越叛逆，她得吼多大声，吼多少遍，才能让孩子听见她的声音呢？

孩子不听话，有的时候不是故意不听话，而是父母发出指令的方式不当导致的。试问一下，如果我们每天被人吼来吼去地指挥，你愿意听对方的话吗？恐怕没几个人愿意听。那么，怎样正确地向孩子发出指令呢？

1. 要和孩子进行对视

有的父母发指令时，不用眼睛看着孩子，只是单纯地用嘴巴说，边说边不停地忙着手里的事情，根本没关注到孩子正在做什么，或者有什么反应。通常在这种情况下，指令很难得到孩子的回应，因为你并没有走进孩子的世界，没有真正和孩子建立起有效的沟通。你的话，在一个正在低头做事的孩子面前，不会泛起任何涟漪。正确的做法是，发指令时要正视孩子的眼睛，并且在得到孩子的眼神回应之后，才可以发出指令。

2. 发完指令，要给孩子留有消化的时间

当孩子注视着你的眼睛时，你才可以对孩子发出指令，当发完指令之后，你还应该给孩子留10秒到15秒的时间，以便孩子利用这个时间更好地对你的指令做出回应，这样的交流才是真正有效的交流。比如，当你发出"吃饭"的指令时，孩子正在看电视，这15秒时间，正好可以让他把注意力从电视上转移开，或者关掉电视。这样给孩子一个缓冲的时间，或者处理手头事情的时间，更有利于孩

子听从你的指令。

3. 发指令的语调应该冷静平和

父母应该注意自己发指令时的语调，要做到不急不缓，语调不高不低，让孩子感觉到你在用冷静平和的态度对他发指令。父母在对孩子发指令时，如果说话语气过激、语调过大，就会让孩子产生逆反心理，不仅容易产生抵触情绪，还会把注意力放在这种"噪音"本身上，而对"噪音"所传递出的有效信息反而不关注了，从而降低对指令的接收效果。

4. 发指令的次数最好不要超过两次

一般情况下，发指令的次数越多，孩子对所发指令的关注度就会越低，这就跟商品价值一样，物以稀为贵，所以我们应该想办法让我们的指令更有价值。所以，建议跟孩子发指令的次数最好不要超过两次，而且两次之间，最好留有两三分钟的间隔。只有当你的第一遍指令发出后一段时间，孩子没有对它进行回应时，你才有必要对他发出第二遍指令。如果孩子跟你说，"好的，妈妈"，那么你根本就没必要在两分钟之内对他进行连环催促了，因为这只会让他对你的指令感到反感。

5. 2 岁的孩子，指令应该简单直接

根据相关研究，2 岁的孩子最多只能听懂"两步有关联"的指令，比如，"你把手洗了，过来吃饭"，"洗手"和"吃饭"是两个互相关联的指令，这是 2 岁孩子能够接受的最复杂的指令了。根据 2 岁孩子的思维特点，他理解不了过长、过难的指令，所以要想让孩子对你的指令有更快的反应，那么我建议父母在给孩子发布指令时，应该尽量简单直接，比如"过来吃饭了""上床睡觉了"，千万不要啰啰嗦嗦给孩子说一大堆，比如给孩子说"你要洗脸刷牙，听完故事，然后躺在床上……"当你发出这么复杂的指令之后，就别怪孩子不听你的话了，因为他压根就没有耐心听完。

有效的交流，需要多种因素共同起作用，而指令的正确发布，对交流效果所产生的重要影响，自然是不言而喻的，所以父母千万不要忽视它。

必要时，对孩子的无理取闹置之不理

我们理解孩子，包容孩子的同时，也需要恪守一定的底线。当我们在孩子伤心的时候，转移了他的注意力，当我们在发指令的时候运用了技巧，并且尊重了孩子，可是孩子依然无理取闹的话，那么父母就需要采取冷静处理的办法，对孩子的无理取闹置之不理。

很多时候，孩子无理取闹，只是为了博得父母的同情或关注，当他发现他的无理取闹可以从父母这里争来很多"好处"之后，就会一而再再而三地用无理取闹来要挟父母。如果有一天，他发现自己再怎么无理取闹，父母也对他不理不睬之后，他自然就会放弃了。

2岁的果果是家里的开心果，平时在家里倍受宠爱，爸爸妈妈恨不得把星星、月亮摘下来给她玩。一般在家里，果果想要什么玩具，稍微撒个娇，爸爸妈妈都会尽量满足她。后来，随着果果日渐长大，爸爸妈妈也经常带她去公共场合玩耍，这时候问题就出来了。在游乐场里，只要果果看上的玩具，她就会让爸爸妈妈帮她拿过来。

可是，公共场合的玩具并不属于果果一个人，有时候果果想玩的玩具正好被其他小朋友抢先拿走了，果果就会不依不饶，大哭大闹，要求爸爸妈妈去找小朋友要回来。果果这个过分的要求，让爸爸妈妈很为难，他们实在不好意思从别的小朋友手里要玩具。结果，得不到玩具的果果，为了逼爸爸妈妈去要玩具，竟然躺在地上开始撒泼打滚，爸爸妈妈感到非常尴尬，可是无论怎么跟果果讲道理，她都不听。

案例中的果果，因为得不到心爱的玩具，就躺在地上撒泼打滚，她的行为已经变得非常任性。如果果果的爸爸妈妈还像从前那样迁就她，就会极大地影响她的性格培养，甚至会让果果变成一个自私霸道的孩子。

这种情况下，建议家长先把果果抱离现场，然后找一个僻静的角落，跟果果耐心讲道理："公共场合的玩具，所有小朋友都可以玩，不属于你一个人。"如果父母把这个道理讲给果果听完之后，果果依然撒泼打滚的话，那就放手随她去好了。孩子在父母面前撒泼打滚，是因为他觉得这个办法对父母非常有效，如果父母采取置之不理的态度，孩子闹到没力气之后就会自己站起来。孩子也不傻，他知道"表演"是需要观众的，如果观众不捧场，那又何必继续表演下去呢？

当然，很多父母会提出疑问：2岁左右的孩子，他的正常行为和无理取闹行为很难区分，孩子的哪些做法才算无理取闹呢？当孩子做出以下行为时，父母就应该拿出严肃的态度来管教孩子了。

1. 孩子生气的时候打大人

有些被娇惯坏了的孩子，一旦生起气来伸手就会打大人，掐大人的胳膊，抠大人的脸，甚至有的孩子还会用拳头打大人。我们允许2岁的孩子适当发泄自己的情绪，比如哭闹、生气，等等，但他们发泄情绪是需要有底线的，如果孩子因为生气而做出打大人的行为，父母一定要拿出严肃的态度来，比如立刻变脸，目视孩子，握住孩子的双手，蹲下来告诉孩子"不可以动手打人"，等等。

2. 喜欢躺在地上撒泼打滚

2岁的孩子虽然很难控制自己的情绪，但是如果孩子经常躺在地上撒泼打滚的话，那么父母应该反思一下自己的教育方式，是不是对孩子过于溺爱了。我们允许孩子在伤心的时候哭泣，在生气的时候大喊大叫，但不允许孩子养成撒泼打滚的不良习惯。当孩子第一次做出这种行为时，父母应该采取严厉的态度，立即带他离开那个地方，然后找个僻静的场所，及时制止孩子的行为。大女儿程程小时候也有情绪失控的时候，但无论情绪如何失控，我们都不允许她躺在地上撒泼打滚，我会明确告诉孩子："你难受了可以哭，没问题，但绝对不能躺在地上闹，这种行为非常不好。"

3. 孩子提出的要求很过分

孩子提出的合理要求，在条件允许的情况下，父母可以尽量满足孩子的愿望，但如果孩子提出的要求非常过分，那么父母应该及时拒绝孩子的请求，不能轻易答应孩子。父母拒绝孩子的不合理要求，是想用这种态度告诉孩子：不是所有的要求都得无条件地满足你。真正会教育孩子的父母，懂得恩威并施，该温柔的时候温柔，该严厉的时候严厉，通过父母的态度来引导孩子的行为，让孩子知道自己行为的底线在哪里。

真正的教育是爱与智相统一的教育，教育的内容不光有爱、理解和包容，还有底线、原则和界限，应该让孩子知道自己行为的尺度在哪里，让孩子自由而有方向地成长，才是真正用心的教育。

下篇

3岁，

学习力爆发——保护孩子的探索欲

第 7 章

为什么说 3 岁的孩子 "恐怖"？

如果说2岁的孩子很"可怕"，那么3岁的孩子只能用"恐怖"来形容了。3岁的孩子破坏性极强，撕书、摔东西、拆玩具；诅咒、说脏话，经常说"我要打死你"；和小朋友冲突不断，争抢玩具，一言不合就打架。同时，3岁的孩子还有强烈的探索欲，对什么都好奇，天不怕地不怕，随时把父母惊出一身冷汗。

"淘气"一词，不足以形容 3 岁的孩子

大家一般用"可怕"这个词来形容 2 岁的孩子，又会用怎样的词语来形容 3 岁的孩子呢？国外有这样一种说法，叫作" terrible 2 （可怕的 2 岁）"和" horrible 3（恐怖的 3 岁）"。我们都知道，2 岁的孩子情绪多变，动不动就哭闹、撒泼、打滚；凡事喜欢和父母对着干，父母让他干什么他偏不干什么，他的口头禅就是"我不，我不，我就不"；不懂得分享，只要看到喜欢的玩具，就想占为己有；在与小朋友发生矛盾的时候，不会用语言沟通，下意识的举动就是打人、咬人。所以，2 岁的孩子用"可怕"一词来形容也不为过。

当 1 岁的孩子来到 2 岁，突然从"小天使"变成"小恶魔"之后，父母最大的期待就是等待孩子慢慢长大，等孩子懂事了，明白道理了，他的这些"恶魔"行为就会收敛很多。可是，现实恐怕会让很多父母失望，因为 3 岁的孩子淘气起来，只怕有过之而无不及，有时候简直让人感到"恐怖"。

朋友家的儿子 3 岁 2 个月了，像只猴子一样淘气。一不留神，他就爬到了飘窗上，贴着窗户往下看风景，朋友吓得立即把家里所有的窗户都安上了防护网。

即便家里已经做了充足的防护措施，可是在这样一个淘气的孩子面前，也无济于事。有一天，孩子在低矮的沙发和高高的柜子之间来回穿梭、跑跳，结果一不留神，一脚踏空，从柜子上狠狠摔了下来，耳朵不小心磕在了柜子旁边的铁把手上，直接撕裂个口子。朋友急忙把孩子送到医院，结果缝了7针。事后，朋友无奈地跟我说："我是不是得找个铁链子，把他拴起来才行？这么吓人，什么时候才是个头啊？"我只好安慰朋友："再过几个月，把他送进幼儿园就好了。"

朋友问我，3岁的孩子，按理说应该更懂事一点儿，为什么比2岁的孩子更"恐怖"呢？我想，主要有以下几点原因吧。

1. 力气变得更大

3岁的孩子，力气比2岁时更大，所以他们搞起破坏来，威力要大得多。2岁的孩子或许只是把玩具扔得满地都是，而等孩子到了3岁之后，随着力气增大，他们能拎起来的东西也越来越大、越来越重，比如会把凳子弄得东倒西歪，会把阳台上的花盆推倒，会把桌子上的鱼缸打翻等，这样造成的后果当然越来越严重。

2. 自主意识更强烈

随着孩子的逐渐成长，他们的自主意识要比2岁的时候更强烈，凡事更喜欢与父母做对抗，而且对抗的力度也要大得多。2岁的孩子不想戴围巾，顶多嘴上喊一喊，"我不要"，可是3岁的孩子，很有可能直接把围巾从脖子上扯下来，用实际行动来与父母做对抗。

3. 语言能力更强大

3岁的孩子与2岁相比，他们的语言能力有了明显的提升，所以，在与父母顶嘴时，3岁孩子的语言丰富程度也要远远高于2岁的孩子。当你惹怒了一个2岁的孩子时，他顶多大哭大闹、发脾气，可是当你激怒了一个3岁的孩子时，他顶起嘴来，完全可以让你崩溃。

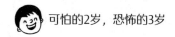

4. 活动范围更广

3岁的孩子能跑会跳，运动能力明显比2岁时更强，这也就决定了3岁的孩子活动的范围更广、更大。2岁的孩子，大多只是在父母的眼皮底下扔扔东西，或者把东西藏起来玩，而3岁孩子的活动范围明显要大得多，书房、餐厅、阳台等等。总而言之，他们的活动范围扩大，相应的破坏范围也要大得多，当然面临的危险因素也更多。

当孩子各方面的能力也有了长足的进步之后，孩子的淘气程度也在不断增加，有的甚至到了父母难以忍受的程度。这么说来，3岁的孩子是不是有些"恐怖"呢？

3岁，无时无刻不在挑战你忍耐的底线

　　继"可怕"的 2 岁之后，父母来不及喘口气，孩子很快就进入了"恐怖"的 3 岁。3 岁的孩子，肌肉控制能力、空间认知能力和运用工具的能力都有了进一步发展，这会让孩子的动手能力和破坏能力同时增强。

　　下面，我们一起来看看现实生活中的几个具体案例吧。

　　妈妈带 3 岁的果果去超市购物，果果看到五颜六色的豆子非常好奇，于是趁妈妈不注意，用铲子铲起红豆，然后把它们混进了旁边的绿豆里。超市的工作人员发现了这一幕，急忙喊来果果妈妈，果果妈妈看见这幕场景崩溃不已，最后只能把混在一起的豆子全部买回家。

　　邻居奶奶在家门口的空地上种了一些南瓜，3 岁的涛涛看见挂在藤蔓上的南瓜非常好玩，总喜欢用手去摸一摸，可是妈妈告诉他："这些南瓜是邻居奶奶的，不可以随便摘。"妈妈越不让涛涛摘，涛涛反而越想摘，他想把南瓜抱在手上，看看南瓜有多重。有一天，涛涛趁妈妈回家拿水瓶的工夫，迅速跑到邻居奶奶家门口，用小手使劲拧下一棵南瓜，抱起来撒腿就跑，结果跑到半路，南瓜摔碎了，涛涛吓得蹲在地上哇哇大哭。妈妈拿完水杯出来，看到地上摔碎的南瓜，还有哇哇大哭的涛涛，站在原地，哭笑不得。

3岁的萱萱看见爸爸拿着502胶水粘东西，于是趁爸爸不注意，偷偷把502胶水翻出来，挤在自己的手指上捏啊捏。很快，萱萱的两根手指头就被牢牢地粘在一起，怎么扯都扯不开，萱萱吓得哇哇大哭。爸爸妈妈从房间里冲出来，看见萱萱粘在一起的小手，急忙找来湿毛巾，敷了好半天，才把萱萱手上的502胶弄掉。

爸爸妈妈的忍耐底线，在孩子与日俱增的破坏力面前，一次次破防了。记忆中可爱的孩子，还停留在1岁之前的模样，咿咿呀呀学说话，走路像小鸭子一样憨态可掬。一转眼，孩子就像变了个人儿一样，瞬间从"小天使"变成了"小恶魔"。从2岁到3岁，孩子的行动能力、动手能力和破坏能力正在经历翻天覆地的变化。与此同时，父母的心态也要跟随孩子的成长做一番改变，不要再用以前的眼光来看待眼前的这个3岁孩子了。

俗话说，3岁的孩子，狗见了都要绕道走，可见3岁的孩子有多么"恐怖"。作为父母，面对孩子的巨大变化时，应该从多方面做好迎接孩子成长的心理准备。

1. 多数孩子都会经历这个阶段

如果父母每天陷入抱怨之中，总是哀叹"为什么我的孩子这么淘气""为什么我的孩子突然变成了这个样子"，那么父母的心理压力就会变得非常大，而且会怀疑孩子的个体发育是否出现了问题。但是，当你认识到3岁的孩子都会经历这些"恐怖"的阶段，多数父母都要像我们一样面临情绪崩溃的时刻，那么你的心态就会释然很多，起码不会像之前那么悲观，毕竟还有很多父母都会和"我"一样，在遭遇着同样的问题。

2. 淘气的孩子有可能更聪明

孩子淘气，的确会让很多父母感到头疼，但是设想一下，如果你的孩子整天安安静静地坐在那里，一动不动，不淘气、不调皮，思想没有任何波澜，也没有任何探索新事物的欲望，凡事也没有自己的主见，恐怕你的心理压力会更大吧？淘气的孩子，接触的新事物更多，他的思维也更加开阔、活跃，这些孩子敢于尝试、勇于探索，有可能会比看上去乖巧、安静的孩子更加聪明。如果父母能换个角度去看待孩子"淘气"的话，心里也会释然很多。

平时生活中，总会有些家长跟我抱怨，说孩子实在太淘气了，快没办法忍受了。这时，我总会安慰对方几句"淘气是孩子的天性，不淘气才该担心呢"。的确，3岁之前，是孩子最无忧无虑的阶段，如果这时候的孩子都没有肆无忌惮地疯狂过，那该有多么遗憾。所以，当程程把面粉撒在地上，把牙膏涂在脸上，把自己吊在树枝上，总是做出一些挑战我忍耐底线的事情时，我总会宽慰自己："这不正是3岁孩子该做的事情吗？挺好的！"

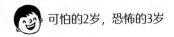

恐怖的秩序感：一旦失序，必须重来

3岁的孩子，秩序感比2岁时更加强烈，当孩子置身于一个杂乱无序的环境中时，他们就会感觉非常不安。著名儿童教育思想家蒙台梭利在《童年的秘密》里说过这样一句话："对儿童来说，杂乱无序是一种痛苦，它被看作是儿童心灵深处的一种伤害。"当我们因为孩子执着于某种秩序而崩溃的时候，要意识到，这是孩子的秩序敏感期来了，孩子对秩序的维护和坚守，正是建立自我安全感的一个过程，作为父母，我们应该帮助孩子守护好他的秩序感，而不是充当破坏者的角色。

3岁孩子的秩序感，和2岁时一样，主要表现在时间、地点、空间、人物、线路、顺序等方面，只不过3岁的孩子随着自我意识的觉醒，对这些方面的秩序感更加敏感和强烈，当既定的秩序被打乱之后，孩子就会表现得非常焦虑不安，在情绪上的反应也会更加激烈。那我们就来具体分析一下3岁孩子在秩序敏感方面的具体表现。

1. 对时间的秩序敏感

3岁的孩子，在时间方面非常敏感，比如，他在早上8:30左右吃早餐，中午

12:30 左右吃午餐，14:00 开始午睡，20:00 要看动画片，等等。如果他在一段时间内都是按照这样的生活节奏生活，那么这些时间节点就会成为孩子相对固定的秩序节点。如果某一天，父母意外破坏了他的这种生活节奏，他就会感到焦虑不安，表现在情绪上面就是哭闹不止，他会以此要求父母必须按照他的生活节奏来做事，否则他就会不依不饶地和你进行对抗。

2. 对地点的秩序敏感

如果经常带孩子去某个地方，那么久而久之，这个地方就会成为孩子的一个秩序敏感地点。比如，我每次带希希去公园，她都会去滑梯那边玩一会儿，然后再玩其他的项目，如果我没有满足她的这个要求，她就会显得非常焦虑，一路上都会扭着头看着滑梯的方向，哼哼唧唧地闹个不停。

3. 对空间的秩序敏感

孩子对自己的小床和自己的房间也会非常敏感，晚上到了睡觉时间，他躺在自己的小床上，才能安心地睡着。如果我们带孩子到一个陌生的环境中，孩子的空间秩序感遭到破坏之后，他晚上睡觉时就会表现得焦虑不安，很晚都睡不着。所以妈妈带孩子出去玩，到了晚上睡觉的时间，最好尊重孩子的心理感受，带他回家睡觉，如果无法回家，父母也应该拿出最大的耐心去安抚焦虑中的孩子。

4. 对人物的秩序敏感

3 岁左右的孩子在心中会对自己的亲人做一个排序，比如先是妈妈，然后是奶奶、爸爸，最后是其他家人。到了晚上睡觉时间，他会找那个固定陪伴的人一起回房间，如果临时换了其他人，孩子就会焦虑不安，很晚也睡不着。根据孩子的这个特点，我们应该给孩子提供一个相对稳定的环境，陪伴对象最好也不要换来换去，更换陪伴对象会让孩子没有安全感。另外，有些父母频繁地给孩子更换保姆，这样做对孩子的心理发展也是非常不利的。

5. 对顺序的秩序敏感

有些孩子对顺序非常敏感，比如走路先迈哪只脚，再迈哪只脚；晚上睡觉之前，要先洗漱，再听会儿故事，最后才睡觉，等等。这种顺序一旦遭到破坏，孩子就会表现得非常不听话，只有等父母重新调整了顺序之后，孩子才会心满意足地继续下一环节的事情。

当孩子出现以上这些表现时，父母正确的做法应该是，首先接纳孩子追求"一致"的秩序要求，在一些无关原则的事情上，尽可能满足孩子的要求；其次，我们应该允许孩子有一定的"寄托物"，每个孩子都有自己喜欢的玩具，这个玩具在孩子心里的地位跟亲人差不多，甚至比亲人还重要，因此我们要尊重孩子的这种依赖心理，尊重孩子所喜欢的玩具，把它当作一个生命体去对待；最后，我们还要借助孩子秩序敏感期的特点，教孩子养成一些好习惯，比如饭前便后洗手，个人物品摆放整齐，吃饭时坐姿端正，等等。

破坏力超强，分分钟让你"吐血"

3岁的孩子跟2岁孩子相比，各方面的能力都有了很大的进步，所以3岁孩子搞起破坏来危害性也要大得多，可以说破坏力超强，分分钟让你"吐血"。

明明出生之后，妈妈为了给他创造更好的生活条件，把家里的房子置换成了一个大房子。房子装修完毕，除完甲醛之后，全家人就兴高采烈地搬进了新家。新家的家具全是明明妈妈一手挑选的，平时妈妈对待家具都很仔细，生怕家具被磕了碰了。可是3岁的明明却丝毫不在意这些，他经常拿棍子在家具上敲敲打打，甚至还拿彩笔在衣柜上乱涂乱画，有一次甚至用螺丝刀在妈妈的梳妆台上刻画出一个"娃娃"，妈妈气得恨不得打明明一顿。

案例中明明的行为，是很多3岁孩子的日常缩影，他们每天都像大闹天宫的孙悟空一样，充满了破坏力，父母简直气得要"吐血"。如果我们仔细盘点一下孩子在日常生活中最爱搞的破坏活动，常见的莫过于以下几种。

1. 撕手纸

3岁的孩子搞破坏，家里的手纸首当其冲。我发现很多孩子都喜欢撕手纸，尤其是那种卷起来的手纸，用手一扯一大条，然后牵着纸条跑。程程3岁的时候，最夸张的举动是把手纸扯满卫生间，然后再把这些手纸披在自己的身上，当作白色的公主裙。看着满地的手纸，我有些心疼，但并没有责怪孩子，而是开玩笑地说她是"土豪家的大公主"。后来我发现不仅程程如此，很多孩子都喜欢撕手纸玩。

2. 玩面粉

3岁的孩子会玩很多小游戏，即便身边没有小朋友，他们也能创造条件，玩出各种有趣的花样来。我之前看综艺节目《妈妈是超人》，一位嘉宾带着两个儿子一起包饺子，这位嘉宾在旁边忙着和面、擀皮，扭头一看，两个孩子却随手抓起面粉玩起了打仗的游戏。在面粉面前，3岁的孩子完全没有抵抗力，即便知道粮食不能随便浪费，他们也控制不住自己想把面粉撒向空中的冲动。好好的一袋面粉，只要到了孩子手里，瞬间就会变成弥漫的"硝烟"。

3. 偷用妈妈的化妆品

2岁的孩子看到妈妈使用化妆品，最多只是一脸好奇，而3岁的孩子看到妈妈使用化妆品，除了好奇之外，还会尝试模仿，偷把妈妈的化妆品抹在自己的脸上。程程只要看见我用口红，就会表现出非常羡慕的样子。有一次，程程趁我不注意，偷偷拿出我的口红，把自己的嘴巴涂得像一个肿起来的"香肠嘴"，不仅如此，她还趁爸爸睡着，在爸爸的脸上画满了红色的"嘴巴"。等爸爸醒来之后，程程还一脸得意，把我们逗得哭笑不得。我相信很多孩子看到妈妈使用化妆品之后，都想偷偷尝试一下，也许这跟孩子天生就具有强大的模仿能力有很大的关系。

4. 损坏家里的珍贵物品

大人觉得非常珍贵的物品，在3岁的孩子眼里只不过是一件好玩的玩具，它跟一把铲子、一辆玩具小汽车比起来并没有多大的区别。所以，3 岁的孩子个个都很"土豪"，搞起破坏来，一点儿都不心疼。曾有新闻报道说，淘气的孩子摔碎了爸爸珍藏多年的手办，爸爸气得快要发疯了，想必很多父母都有过类似的体会。程程 3 岁左右，家里买了一台新的液晶电视，挂在客厅的墙壁上。有一天，程程和表弟突然发现，用手拍在液晶电视的表面会有"水波纹"，非常神奇，于是他俩趁大人不注意，不断用手拍在电视屏幕上，拍一下，赶紧跑开，过一会儿再拍一下，又赶紧跑开，我们自始至终没有发现这两个小淘气的异常行为。直到第二天，我们打开电视时，发现电视屏幕中间有一道蓝色的印记，才发现电视的液晶屏被这两个小家伙生生拍坏了，而他俩拍电视屏幕的理由，仅仅是为了看"水波纹"。

其实在生活中，孩子把我们气到"吐血"的行为还有很多，既让父母防不胜防，也让父母哭笑不得。但应该注意的是，生气归生气，我们应当明白孩子的这些行为是在特定年龄阶段所呈现出来的典型行为，跟孩子的探索欲有很大的关系，而且他们并不知道这些行为会导致怎样的严重后果，他们只是单纯觉得好玩而已，所以我们没必要苛责孩子。

初生牛犊不怕虎，无所畏惧的探索欲

初生牛犊不怕虎，3岁的孩子还不知道害怕为何物，觉得爸爸妈妈是自己生命里的超人，一旦自己发生危险，爸爸妈妈就能及时赶到身边来拯救自己，所以孩子淘气的时候，前不怕狼，后不怕虎，想干什么就干什么。他们潜意识里认为：反正有爸爸妈妈做后盾，什么都不用担心。我们鼓励孩子去探索新事物，也欣赏孩子的这种初生牛犊不怕虎的勇气，但探索的前提是要确保安全。

程程小时候，有一次我带她去商场玩，她被商场里好玩的东西所吸引，蹦蹦跳跳就往前走了，我在后面紧紧跟着她。但是因为是周末，商场里的人非常多，一眨眼的功夫，程程就不见了。我赶紧把程程的爸爸喊来，大家分头去寻找，可是找来找去，都看不到程程的踪影。我们正打算让服务台广播找人时，突然听见手机响了起来，原来程程记得我们的手机号码，她自己找了商场的一位导购阿姨，让对方帮忙给我们打了一个电话。

回家的路上，我问程程："你在前面跑，为什么都不回头看看爸爸妈妈呢？"

"前面的活动太好玩了，我想去看看。"

"你觉得爸爸妈妈是超人，总能找到你是吗？"

"是呀，爸爸妈妈最厉害了。"

"那爸爸妈妈得告诉你，我们只是普通人，如果你走丢了，我们也不一定能找得到你。"

程程听完我的话，突然有点后怕了。这件事后，我经常给她灌输一个道理：爸爸妈妈也很普通，不可能随时随地保护你，所以无论你脑海中有什么好玩的想法，都要先注意自己的安全。

即便我们再三叮嘱孩子要注意安全，这些"初生的牛犊"依然什么都不怕，什么都敢尝试，随时都会把父母吓出一身冷汗。结合我养孩子的经验，我觉得以下这几种探索非常危险，父母应该提前做好防御措施，以免孩子受到伤害。

1. 玩插座

3 岁的孩子知道插座很危险，但却总是经不住好奇心的驱使，喜欢把东西塞进插座里，看看会有什么反应，这会带来严重的后果。我们不可能每时每刻都盯着孩子的一举一动，所以最稳妥的办法是给插座套上保护帽，用的时候打开，不用的时候盖上。

2. 玩打火机

3 岁孩子的模仿能力很强，如果他看到父母用打火机点火，就有可能趁父母不在，偷偷把打火机找出来点火玩，稍不注意就会有人身危险或者引起火灾。曾有新闻报道说，孩子因玩打火机而造成了火灾，甚至造成人员伤亡的事故。因此，父母最好把打火机放在孩子够不着的地方，以免孩子因好奇而发生危险。

3. 玩刀或剪刀

男孩尤其喜欢玩舞刀弄枪的游戏，如果家里有水果刀或剪刀这些锋利的物品，孩子发现之后，就有可能拿来玩。所以，父母应该谨慎收纳刀具和剪刀，将它们放置在孩子够不到的地方。除此之外，孩子平时做手工用的剪刀、小刀之类的物品，父母也应该把它们放在安全的地方，等孩子需要的时候，让他们在父母的看护下使用。

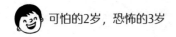

4. 高空抛物

两三岁的孩子，正好处于空间探索敏感期，喜欢把东西从高处扔下去，以此来感受空间的大小。但是，孩子在感受空间大小的时候，并不知道物品从空中落下去之后，很有可能会砸到人，从而带来非常可怕的后果。所以，当3岁的孩子出现高空抛物的行为时，父母应该严厉制止孩子，用孩子能够听得懂的语言告诉孩子："东西扔下去，有可能会砸伤别人，因此不能从高处乱扔东西。"

5. 喜欢玩水

玩水是孩子的天性，夏天给孩子在卫生间放一盆水，孩子能玩大半天。但是这种行为却潜藏着许多危险因素，如果卫生间里有比较深的水桶，孩子不小心倒栽下去，就会发生溺水事故。所以，父母在平时一定要检查一下卫生间，不要在卫生间放置水量过深的水桶或水盆，以免孩子因为玩耍而导致溺水。

6. 喜欢在车流里穿梭

3岁的孩子并不清楚汽车的危险性，当他走在马路上，看见来来往往的汽车时，会感到非常兴奋，甚至有种想在车流里穿梭的冲动。我们经常会看到这样一种情形：孩子踩着滑板车在车流中飞速奔跑，妈妈则在后面急得大喊大叫。为了避免出现这种危险的情况，父母需要提前把汽车的危险性告诉孩子，让孩子对汽车有一个清醒的认识。我在程程小时候，就不断给她灌输这样一种思想：汽车很危险，一旦撞上就会受伤，甚至还有可能会失去生命，你就再也见不到爸爸妈妈了。当你把汽车的危险性告诉了孩子之后，孩子看到飞奔的汽车才知道躲闪，而不是往车流里冲。

通过上面的介绍，我们不难发现养育一个3岁的孩子有多么操心，我们要时刻把他放在自己的视线范围，否则稍不注意，就不知道他会闯下什么大祸，或者将自己置身于什么样的危险之中。作为父母，我们应该保护孩子的探索欲望，因为孩子在探索的过程中，大脑也会变得越来越发达，然而这一切都有一个前提，那就是要保证安全。

第8章

语言能力爆发期——3岁孩子的语言发育

　　3岁孩子的语言能力爆发，顶起嘴来让你措手不及。这个阶段，孩子的语言还出现了一些奇怪的特点：他们喜欢自言自语，喜欢诅咒别人，喜欢说脏话，每天不是说"我要打死你"，就是"屎尿屁"不离口。

词汇量讯速增加，顶嘴让你无言以对

2 岁半 ~3 岁的孩子，他们的词汇量迅速增加，不再只会说一些简单的词语或者词语组合，而是能说出完整的语句，能相对清晰地表达自己的意思了。当孩子的词汇量迅速增加，能够说出整句话之后，另一个问题就显露出来了，那就是"顶嘴"。3 岁左右的孩子，正处于自我意识的觉醒期，凡事都想依照自己的想法，当这些想法被父母否定或驳斥时，孩子就会对抗父母或者用语言捍卫自己的权利，这就是孩子的"顶嘴现象"。

下面，我们来看一个案例。

妈妈和 3 岁的乐乐在客厅一起玩游戏，玩着玩着，不知道怎么回事，乐乐突然发起了脾气。妈妈问乐乐："你这样随便发脾气好吗？"

"不好啊！"乐乐摇摇头说道。

"你脾气这么大，幼儿园里有小朋友喜欢你吗？"

"有啊！"乐乐得意地说道，"你脾气才大！"

"我脾气可没你这么大。"妈妈没好气地说。

"我觉得妈妈脾气很大。"

"那你还喜欢妈妈吗？"妈妈继续问道。

"不喜欢了，我以后只喜欢爸爸一个人。"

这是一段 3 岁孩子和妈妈之间的对话，看完这段对话，我们看到乐乐和妈妈顶起嘴来，一句接一句，把妈妈怼得无言以对。在旁观者看来，顶嘴的孩子有点儿惹人厌。在我们的传统文化里，孩子尊重父母是做人的基本原则，而没大没小地和父母顶嘴，是不礼貌的行为。但当你了解了 3 岁孩子的语言发展特点之后，就不会这么认为了，案例中乐乐的这种行为表现，其实是 3 岁孩子在语言能力发展过程中的正常现象，这与孩子的语言发展有关，也与孩子的自我意识增强有关，却与孩子的品德修养没有太大的关系。

当孩子长大之后，依然采用顶嘴的方式来与父母沟通，父母就应该提醒孩子，并反思自己的教育方式了。但是，对于一个 3 岁左右的孩子来说，父母就没必要强行制止他了。当孩子顶嘴时，家长只需要顺着他的思路慢慢正确引导就可以了，没必要"上纲上线"。

教育心理学家曾做过一项追踪研究，他们"将 2~5 岁的孩子分成两组：一组孩子平时喜欢顶嘴，反抗性较强；另一组孩子平时乖顺，反抗性较弱。经过多年追踪研究发现，反抗性较强的那一组孩子中，80% 的人长大以后独立判断能力比较强；而反抗性较弱的那一组孩子中，只有 24% 的人长大以后能够自我行事，但是独立判断的能力仍然比较弱，常常会依赖他人。可见，会"顶嘴"的孩子往往更加独立。

那么，当孩子与父母频繁顶嘴时，父母应该怎么做呢？

1. 没必要反应过激

如果孩子总是喜欢跟我们顶嘴，即使把我们顶得无言以对，父母也无须"上纲上线"，觉得自己的权威被孩子冒犯了。我们可以换个角度来思考问题："这只是孩子在锻炼自己的语言能力""孩子也想捍卫自己的权利，他觉得自己的话是正确的"。当我们换个角度去考虑问题之后，就不会对孩子的顶嘴行为做出过激的反应了。

2. 多用请求的语气跟孩子说话

如果父母喜欢用命令的语气跟孩子说话，比如说"把地上的垃圾扔到垃圾桶里去"，孩子听到这句指令之后，就会下意识地做出对抗行为，因为他觉得自己在父母面前是没有面子的。这时候，你不妨换个语气跟孩子说话，比如，你可以这样说："宝贝，你帮妈妈把垃圾扔到垃圾桶里可以吗？"孩子听到你这么温柔的请求，一般不会拒绝你的求助。说得通俗一点，在语言上要懂得跟孩子"示弱"，当你"示弱"之后，孩子的语言攻击欲望反而不会那么强烈了。

3. 顶嘴是要有底线的

当看到孩子顶嘴时，有的妈妈会宽慰自己说："哦，这只是孩子的正常表现而已，我应该无条件地接受他、原谅他。"其实，这种思维方式是不对的。需要注意的一点是，孩子顶嘴是要有底线的，他可以就某一方面的问题和父母进行直接的讨论，哪怕这种讨论不符合逻辑，没有道理都可以，但是顶嘴时不能用脏话来辱骂父母，不能用手指着对方，不能大呼小叫、歇斯底里，不能对着父母翻白眼，不能叉着腰说话，等等。总而言之，"顶嘴"是要有底线的。

其实，我们可以用更好的词语来替代"顶嘴"这个词，比如"辩解"，也就是说，我们允许孩子顶嘴，其实是允许孩子采用辩解的方式去发展他的思维，即便这种思维很简单、很幼稚，但对于培养孩子的独立意识及思辨能力都是非常有好处的。但是，如果"顶嘴"超越了道德和文明的底线，成为孩子随意攻击父母的利器，那就得不偿失了，这时候父母必须站出来严厉地管教孩子，纠正孩子的不良行为。

3 岁孩子自言自语怎么回事儿

当你发现 3 岁的孩子一边玩玩具，一边自言自语时，没必要大惊小怪，这只是孩子语言发展过程中一种非常正常的语言现象而已，父母没必要过分焦虑。

程程 3 岁玩游戏时，就出现了自言自语的现象。刚开始的时候，我以为程程在与我对话，我问程程："你刚才在说什么？妈妈没有听清楚。"程程抬头看了我一眼，有点儿不好意思地笑了笑说："我没有跟你说话呀。"后来，随着她自言自语次数的增加，我开始意识到，这只是她在玩游戏时的一种正常状态而已，也许她在与脑海里的另外一个自己对话，或许她把手里的娃娃想象成了小朋友，幻想很多人一起在玩游戏而已。从那以后，每当程程出现自言自语的现象时，我便默默走开，给她一个独立的空间，只要她玩得开心就好。

后来，我查阅了相关资料，才发现儿童自言自语的现象，与皮亚杰提出的"自我中心语言"这个概念很相似。皮亚杰在 1923 年出版的《儿童语言与思维》一书中，曾提过这样一种语言现象。儿童在游戏的过程中，除了有向他人表达的

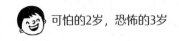

社会性语言之外，还有一种非社会性语言，这种语言是自言自语的，并不与他人交流思想，也不希望引起他人的关注，这种现象被皮亚杰称为"自我中心语言"。

自我中心语言，包括重复、独白、集体独白三个范畴，所谓"重复"，就是反复说出自己听到的字词，比如模仿各种音节和声音，孩子在重复说出这个字词时，并不一定要懂它的意思，比如，程程在游戏的时候，嘴里经常发出"啾啾啾啾"的声音，我到现在也不明白这个词的含义是什么，也许她只是在模仿一种动物的叫声而已；"独白"就是自言自语，自己陶醉在自己的世界里，自己与自己对话；"集体独白"是指在集体中，在他人面前，大声对自己说话而不听别人讲话。自我中心语言约占儿童全部自我语言的一半，其中集体独白所占比例最大。皮亚杰认为：自我中心语言是语言的一种原始和幼稚的状态，没有社交作用，只是用来伴随、加强和补充自己的行动。

看完皮亚杰的相关理论，回头再来看看孩子自言自语的现象，其实就没必要对这种现象大惊小怪了，也许这只是孩子与自己对话的一种方式，或者是孩子与脑海中想象出来的朋友在对话而已，这些行为可以让孩子更开心，也可以帮助孩子发展语言能力和思维能力，没什么坏处。

所以，今后我们如果再看到孩子自言自语时，不妨给他留一个独立的空间，不去干扰他就好了。有的妈妈担心，自言自语是自闭症的一种表现，其实这跟自闭症的症状还是有很大的区别的，下面我们就来看看它们的区别在哪里。

1. 自闭症孩子的语言比较呆板

正常孩子到了3岁左右能说出完整的句子，可以根据自己的需求比较清晰地表达出自己的意愿。而自闭症孩子的语言一般比较呆板，只会说很简短的句子，而且语言逻辑比较混乱，对"你"和"我"这些概念无法准确分辨，说话时呈现出鹦鹉学舌的特点，喜欢重复模仿别人说过的字词等。

2. 自闭症的孩子无法正常交流

3岁的孩子，如果语言能力正常的话，完全可以与父母进行顺利交流，比如渴了、饿了、累了，都能向父母表达自己的需求。但是自闭症的孩子无法正常与父母进行交流，比如，当你在说吃饭的时候，他有可能在说玩玩具；你说睡觉的时候，他有可能在说动画片。

总之，自闭症的孩子在语言表现上的特点还是比较明显的，如果父母仔细观察一下，就能看出自闭症孩子与正常孩子的区别来，大多数孩子在语言发展的特定阶段会呈现出自言自语的特点。当然，只要自言自语的时间不是特别长，次数也不是特别频繁的话，一般都是正常的行为表现，父母没必要为此过分焦虑。

自闭症的孩子在语言表现上的特点还是比较明显的，如果父母仔细观察一下，就能看出自闭症孩子与正常孩子的区别来，大多数孩子在语言发展的特定阶段会呈现出自言自语的特点，只要自言自语的时间不是特别长，次数也不是特别频繁的话，一般都是正常的行为表现，父母没必要为此过分焦虑。

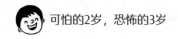

喜欢说脏话，"屎尿屁"不离口

3岁左右的孩子，正处于喜欢模仿大人的阶段，如果他无意中从大人的嘴里听到了脏话，那么他在情绪激动的时候，也会模仿大人的样子说一些脏话，有些孩子甚至会"屎尿屁"不离口，让大人感觉非常尴尬。

孩子之所以会出现这些问题，主要有以下两方面的原因。

首先，有些孩子喜欢说脏话，是受到了父母的影响。如果父母在平时教育孩子的过程中，或者在夫妻吵架时说了脏话，那么孩子就会在潜移默化中学到这些词汇。孩子非常聪明，他知道这些脏话可以用来攻击对方，所以下次当他跟小朋友吵架或者想故意激怒对方时，便会学着大人的样子，用脏话作为攻击对方的武器。

其次，3岁孩子喜欢说脏话，还有一个原因，就是故意跟大人作对。孩子发现，当他说脏话时，父母的反应会很激烈，会马上站出来批评自己："不能说脏话！"孩子觉得这是一种成功吸引父母关注的方式，而且只要他一说脏话，父母就很生气，他会觉得这种语言很有魔力。下次，当他想吸引父母关注，或者嫌父母管教自己过于严厉时，就会下意识地用说脏话来"挑衅"或"攻击"大人。

形形的小姨跟她一起玩耍，小姨开玩笑说："外婆不光是你的外婆，还是我的妈妈。" 3 岁的形形听了非常生气，因为在她的意识里，外婆只能是她一个人的外婆，不能是其他人的外婆或者妈妈。于是形形叉着腰，用小手指着小姨说："你滚，外婆才不是你的妈妈呢，她只是我的外婆，你是个大坏蛋！"小姨接着说："形形，外婆也是小姨的妈妈，不信你去问问外婆。"形形一听更加生气了，用小手捂着耳朵，一边跺着小脚，一边说："你滚，你说的都是大臭屁。"小姨听到形形说脏话之后，非常生气，便批评形形："你跟谁学的脏话，小小的年纪就说脏话，以后不可以说了，听见了没有？"谁知，形形根本不听小姨的批评，继续捂着耳朵，嘴里喊着："我不听，我不听，我就不听！"

案例中的形形，已经下意识地把说脏话当成了一种攻击对方的武器。形形很可能是在平时的生活中，无意间听到了身边的大人说过这些脏话，而且知道自己一说脏话，就能让对方非常生气，于是便默默地记下了这些话。小姨听到形形说脏话时，第一反应是很生气，接着便开始批评起形形来，谁知这种批评不仅没有奏效，反而激起了形形更大的反抗情绪。其实，家长可以尝试以下做法：

1. 先无视孩子的脏话

孩子说脏话的目的，就是为了成功地激怒你，或者吸引你的关注。如果父母不依不饶，表现出非常生气的样子，那么孩子就会"窃喜"，因为这会让他觉得说脏话的方法果然非常有效。下次，当他想反驳你的话语时，便会继续使用说脏话的方式来激怒你，而且这种方法会不断得到强化，固化为孩子的一种交流方式。所以，为了避免让孩子养成"说脏话"的坏习惯，父母最好先采用漠视的态度去对待孩子说脏话的问题，他说他的，你先不要生气，也不必刻意提醒，只需要无视他就可以了。

2. 找机会再跟孩子聊聊"脏话"

等这件事情过去，孩子的心情完全平复下来之后，我们再找合适的机会，跟孩子好好交流一下说脏话的问题。说脏话这个问题，父母可以暂时无视，但不可以永远无视。有的父母会说，孩子现在还小，不用管他，等他长大之后，自然就不会说脏话了。这种教育思路并不妥当。因为一个孩子一旦养成说脏话的习惯之后，就很难改变了，等孩子长大之后，这种坏习惯不仅不会自动消失，反而会固化为孩子的一种交流方式，甚至会成为孩子性格的一部分。所以，父母应该主动对孩子进行教育引导，而不是消极被动地忽视。我们要让孩子知道，说脏话的行为很不礼貌，没有人喜欢说脏话的孩子。父母应该把这种观念不断地灌输给孩子，让孩子建立正确的是非观念。

其实最根本的解决办法是，父母给孩子提供一个纯净的语言环境。比如，夫妻无论争吵得多么激烈，都不应该当着孩子的面说脏话，当孩子的语言环境中消除了这些脏话之后，他接触不到脏话的语言信息，自然也就不会养成说脏话的习惯了。

"我要打死你"——可怕的诅咒敏感期

"我要打死你",这句话从一个 3 岁孩子的口中说出来,并不稀奇,但这不是一种语言暴力,而是幼儿情绪发泄的一种方式。

3 岁的孩子在与人发生冲突的时候,一般不会用语言讲道理,也不知道该如何释放自己的情绪,便会下意识地寻找最直接的方式来回应对方。当他感觉非常生气的时候,可能会认为一句"我要打死你",能够抵得过千军万马,瞬间可以让自己站在气势的制高点上。

3 岁的琪琪和小朋友正在玩抓坏人的游戏,琪琪当警察,小朋友当小偷,琪琪的任务是负责抓住坏人。可是游戏进行了好大一会儿,琪琪怎么都抓不住"小偷",反而被"小偷"扭住了胳膊。琪琪觉得很没有面子,于是狠狠地跺了跺脚,接着从地上捡起一根小棍子,恶狠狠地指着对方说:"我是警察,我要打死你。"

不仅如此,琪琪最近总喜欢把"我要打你""我要打死你"挂在嘴边,总觉得这句话很有魔力,好像一说出口,他就像个小超人一样无敌了。有一次,琪琪洗完手忘记关水龙头,妈妈责备了琪琪几句,琪琪便不耐烦地说道:"我知道错了,

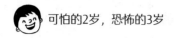

你再说，我打死你。"

你看，案例中琪琪的行为表现跟其他3岁小朋友的表现很相似，他们用世界上最强大的气势，喊出"我要打死你"这句话的时候，其实是在掩藏自己脆弱的心灵。通俗地说，就是用最硬的话，维护自己最弱的底气。孩子之所以会用这种诅咒方式来回应对方的批评或攻击，是因为3岁的孩子已经有了自主意识，知道维护自己的尊严和面子了。当他面对外人的批评、攻击或者嘲笑时，无法用弱小的身躯去反击对方，也无法用逻辑性很强的语言去跟对方争辩，此时剩下的唯一武器就是嘴巴了。作为唯一的利器，嘴巴所能说出的最狠、最厉害、最有攻击性的话，无非就是一句"我要打死你"。

3~5岁是孩子的诅咒敏感期，而3岁恰恰是孩子开始使用诅咒语言的初始阶段。在孩子诅咒敏感期到来之后，父母应该采取正确的教育方式来引导孩子，引导孩子学会用礼貌的语言来解决遇到的问题。另外，如果孩子在与父母沟通的过程中使用了诅咒性质的语言，父母在生气之余其实可以有更好的解决办法。下面，我们来看以下几种方法。

1. 父母不要表现出生气

当孩子握紧小拳头，怒气冲冲地对你喊出"我要打死你"这句话时，父母千万不要在孩子面前流露出生气的模样，因为这只会让孩子感觉到他的语言攻击非常有效——你看，爸爸妈妈听完我说的这句话，果然很快就生气了。所以一定不能用生气的方式让孩子感觉到他"得逞"了。此时，最好的应对方式是保持冷静，就当没听见那句话就可以了。

2. 事后要告诉孩子，这句话不礼貌

孩子说出了不礼貌的话时，父母要保持冷静，但事后要找机会告诉孩子，"我要打死你"这句话并不礼貌，尤其是对自己亲爱的小伙伴或者父母说出这句话后，会让对方感觉很不舒服。我们应该把正确的价值观告诉孩子，让孩子知道什

么是对的，什么是错的。当然，这种情况下，我们不需要强迫孩子必须接受这个道理，只需要把正确的道理告诉孩子就可以了。因为这个正确的道理会像种子一样，在孩子的脑海深处慢慢生根发芽，等他度过这段诅咒敏感期，拥有强大的语言能力和逻辑能力之后，就不再需要用诅咒来维护自己的面子了。

3. 告诉孩子，以理服人最厉害

我们应该让孩子知道，与对方发生冲突之后，最强大的武器不是拳头，而是道理，用道理让对方服气才是最厉害的事情。为了让孩子相信这个道理，我们不妨跟孩子做个小游戏。比如，妈妈跟孩子发生了不愉快，孩子生气地握紧小拳头，冲妈妈喊："我要打死你！"这时，妈妈可以反问孩子："你打死妈妈之后，就可以独立把这个积木拼好了吗？"如果孩子嘴硬回了一句："我能啊！"这时候，妈妈不必生气，只需要笑眯眯地把积木放在孩子面前对孩子说："那我们来个比赛，我来计时，看谁拼得更快。"比赛结束之后，我们可以这样引导孩子："真正的比赛靠的是实力，而不是赌气，下次你想赢妈妈，要靠实力，而不能靠嘴巴，嘴巴赢了别人，一点儿都不厉害。"

值得注意的一点是，孩子在诅咒敏感期，喜欢用诅咒来表达自己的情绪，但是父母要做的事情，不仅仅是等待孩子度过这段敏感时期，而是要主动引导，让孩子学会用合理的语言，而非用诅咒的方式去与别人交流。

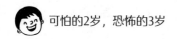

3岁还不会说话，警惕孩子语言发育迟缓

有一个爸爸在网上发帖说，自己的女儿3岁多了还不会说话，他非常着急。具体情况是这样子的。

这位爸爸说，他的女儿3岁2个月了，平时在家不怎么开口说话，但经常会哇哇哇地乱叫，偶尔会喊"妈妈"或"哥哥"。在玩游戏的过程中，如果妈妈喊她，她也很少会抬头和妈妈进行眼神交流，只有在兴奋的时候，才会抬头和妈妈进行眼神交流。她平时喜欢独自玩耍，但是当哥哥和其他小伙伴玩得很开心时，她也偶尔会凑过去看热闹。

一般情况下，3岁多的孩子已经能说出完整的语句，可以和大人进行简单的交流了。案例中这个3岁多的小女孩只会说简单的字词，很少主动与人进行眼神交流，以及喜欢独自玩耍等，这些表现都说明孩子的语言发展可能出现了异常，父母应该及时带孩子去医院找专业的医生进行诊断治疗。

要判断孩子的语言能力异常，首先我们应该对语言发育迟缓的表现有一个清楚的了解，根据相关研究，以下几点是语言发育迟缓的具体表现，比如，"15个月大的时候不会牙牙学语；2岁左右不会说话；3岁左右不能说短句；难以遵循家长的指示；发音以及语言清晰度差；难以将单个词组合成一个句子；在句子中省略词语，等等。如果孩子的语言出现了以上几种问题，说明孩子的语言发育与正常孩子相比，出现了明显的迟缓，父母应该警惕这些问题，及时带孩子去医院诊疗。

接下来，我们来看看导致孩子语言发育迟缓的几个常见因素。

1. 听力障碍导致的语言发育迟缓

语言是后天模仿学习形成的，与环境有很大的关系。我们学习语言，首先要能够听到外界的声音，声音信号传入听觉神经中枢之后才能启动语言通路，如果人无法接收到清晰的声音，缺乏正确的模仿对象，就无法发出正确的声音。所以，当儿童出现听力障碍时，也会导致语言发育迟缓。如果我们发现3岁的孩子依然不会说完整的语句，只会简单的哇哇乱叫或者咿咿呀呀时，首先应该带孩子到医院检查一下听力，先排除听力障碍导致的语言发育迟缓。

2. 自闭症导致的语言发育迟缓

自闭症儿童也存在不同程度的语言障碍。一般而言，有的自闭症儿童在语言方面会表现为不会发音，发音不清楚，或者声调异常；有的自闭症儿童对语义理解不清，有的只能理解语言的形象意义，不能理解语言的抽象意义和引申意义；自闭症儿童在用语句表达意思时，不仅形式简单而且不完整，很难用关联词来表达两句有关系的语句。

3. 智力障碍导致的语言发育迟缓

智力障碍也会导致儿童的语言发育迟缓。所谓智力障碍，通俗地说，就是儿童的智力存在缺陷，比如患有唐氏综合征的儿童，他们在口腔发音组织方面，常伴有发音骨骼缺失或者发育不良、舌头粗大等现象，所以唐氏患儿的语音协调性不太好。而且唐氏患儿的词汇表达能力与他们的理解能力并不匹配，患儿的表达

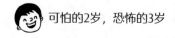

能力低于理解能力，也低于对词汇的认知能力。

4. 语言环境导致的语言发育迟缓

个别孩子长期生活在孤单压抑的环境中，缺乏与人交流、沟通，那么孩子的语言发育也会出现迟缓的问题。我们都知道，语言的学习离不开具体的语境，如果孩子长期处于一个无人交流的家庭环境中，那么孩子的语言发育就会越来越迟缓。我们都知道中文作为一门语言是比较难学的，但是为什么中国的孩子学中文很容易呢？这就是因为孩子从出生开始，就生长在一个大家都讲中文的环境中，孩子每天接收到的听力信号都是有关中文的，这些中文信号传入孩子的大脑，孩子才会模仿出中文的发音。这个例子告诉我们语言环境对于语言发育有多么重要。

总而言之，孩子出现语言发育迟缓的问题是有多方面原因的，具体到每个孩子也会有不同的原因。在正常情况下，3岁的儿童一般都能正确发音，会说出完整的语句，也能与人进行正常的交流与沟通。如果孩子到了3岁，语言能力依然无法达到这些基本要求时，父母就应该及时带孩子去医院进行专业的检查，找出孩子语言存在障碍的真正原因，然后有针对性地进行治疗。

第9章

智力发育关键期——3岁孩子的心智发育

　　3岁是孩子学习的关键期，也是孩子学习能力最强的一年。这一阶段，孩子喜欢模仿大人，喜欢在墙壁上乱涂乱画，喜欢追着父母问"十万个为什么"……当孩子出现这些行为时，父母不要只顾生气或者感到麻烦，而应当利用这个契机巧妙地引导孩子。

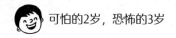

3 岁，学习力最强的一年

人的智力与神经突触数量有很大的关系，人体受到外部刺激之后，这些刺激就会在大脑中通过神经突触进行传递，因此神经突触越多，大脑处理信息的能力就越强，人也就越"聪明"。神经突触形成的关键期是 0~6 岁，而在 3 岁左右神经突触的数量达到最多。当然，突触的形成与联结同样遵循用进废退原则，因此在突触形成过程中，也会有一些突触因为没有得到强化而退化，直至消失。13 岁之后，孩子新的神经突触数量虽然还会有所增长，但是增长速度极其缓慢。所以说，3 岁是孩子学习力最强的一年，父母应该抓住 3 岁这个黄金期，让孩子接受更丰富的刺激，以促进其大脑神经的发育，从而更好地开发孩子的智力。

如果一个 3 岁的孩子，能背出好几首古诗，能认识很多字词，能给你讲好几个有趣的小故事等，千万不要觉得惊讶。因为，这对 3 岁的孩子来说太简单了，他们的记忆能力远比我们成人要好得多。

央视的一档综艺节目中曾经来过一个 5 岁的小神童，名叫王恒屹。他的记忆力超强，能识字 3000 个以上，能背诵多篇古诗文，还能理解古诗文的意思，能记住很多歌的歌词，有"中华小词库"之称。据王恒屹的奶奶说，孩子几个月大的时候，他们每天晚上坚持给小恒屹读儿歌、古诗等等。等小恒屹稍微长大点儿，就带着小恒屹一起阅读古诗、背诵古诗，慢慢地，王恒屹就展现出了惊人的记忆力。

当然，不否认王恒屹超强记忆力背后有一些天赋的因素，但这也跟王恒屹从小所受的教育有很大关系。孩子在3岁之前，神经突触增长速度超快，这一时期是孩子记忆力发展的黄金时期，王恒屹的家人抓住了孩子记忆力发展的黄金期，带领王恒屹一起进行了大量的阅读和记忆，从而让王恒屹的智力得到了很好的开发。当然，我们并不主张在这一阶段对孩子进行灌输式的教育，强迫或者刻意地让孩子背诵儿歌和古诗，而是要遵循孩子的兴趣和内在发展规律，给孩子提供更丰富的刺激。例如，父母完全可以利用日常空闲时间，多和孩子说说话，多给孩子讲讲故事，多陪孩子到外面走一走、看一看，等等。具体而言，有以下几点建议：

1. 多陪孩子读故事绘本

我们小时候如果能找到一些简易的绘本或者连环画来读一读，就感觉很幸福了，现在陪着孩子去图书馆，看到琳琅满目的故事绘本，感觉现在的孩子更幸福。书店有大量包装精美、配图鲜艳、故事精彩的绘本供我们来挑选，孩子想看什么书就有什么书。我们有空的时候，应该多陪孩子读一些故事绘本，多带孩子去图书馆的阅览室坐一坐，让孩子尽情地在书的海洋里徜徉。

2. 多让孩子复述一些故事内容

孩子听完我们所讲的故事，或者看完绘本之后，我们可以让孩子把他听过的、看过的内容复述给我们听。孩子复述内容的过程，其实也是锻炼记忆力、开发思维能力的过程。程程小时候每看完一本故事书，我就装作好奇的样子，让她给我讲一下里面的内容。面对我的恳求，程程向来很乐意"效劳"，她会用自己

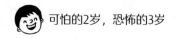

的语言把这个故事大概给我讲述一遍，讲完之后她觉得很有成就感。我觉得这种培养孩子记忆力的方式非常好，孩子喜欢，我也不费劲。

3. 多带孩子出去开阔眼界

在条件允许的情况下，父母应该尽可能抽出时间，多带孩子走出家门看看外面的世界，让孩子接受一下新事物的刺激。这不仅能开阔孩子的眼界，还能增强孩子的记忆力。程程即将3岁那年，我和先生一起带她去了海边，白天她在大海边兴奋地玩沙子，晚上我们一家三口步行到附近的饭店品尝新鲜的海鲜。一年之后，程程还能清晰地记得大海是什么样子，记得她最喜欢吃的海鲜是什么样子，她甚至还记得她乘坐过的小船是什么样子。这些事情让我感觉非常惊讶，新事物的刺激和记忆力的培养是一件相辅相成的事情，孩子感受到的新事物刺激越多，记忆能力也会越强，这是被很多实践证明过的事情。所以，父母应该抓住这一关键期，多带孩子去看看外面的世界。

3岁的孩子，应该以玩为主，但这并不妨碍孩子在玩的过程中学习很多新知识。让孩子在玩中学、学中玩，是孩子3岁之前的教育主题，至于怎么玩、怎么学，则需要父母多花一些心思。

3 岁孩子大脑中的"自我为中心思维"

3 岁的孩子总是以自我为中心，无论做什么事情，首先考虑的都是自己的感受，这与孩子这一阶段的思维特点有很大关系，与他的性格和人品无关。

程程小时候，有一次牵着我的手走在路上，他时不时地回头看着自己的影子，然后笑着对我说："妈妈你看，我的影子很喜欢我，总是一直跟着我。"我笑了笑说："你这么可爱，它当然喜欢你了。"照镜子的时候，程程总是把自己的脸凑到镜子面前，对着镜子里的另外一个自己做各种搞怪的表情，然后我问她："你觉得世界上谁最漂亮？"程程毫不犹豫地对着镜子说："我最漂亮。"

看起来，这种思维逻辑多少有点儿自恋，但这就是一个 3 岁孩子的正常思维，凡事以自我为中心，永远都是"我最棒""我最美""我最厉害"……

皮亚杰曾和一位幼儿进行过这样一段对话：

皮亚杰：太阳会动吗？

幼儿：会动，你走它也走，你转它也转。

皮亚杰：它为什么会动呢？

幼儿：因为人走动的时候它也走。

皮亚杰：它为什么要走呢？

幼儿：听我们在说什么。

皮亚杰：太阳活着吗？

幼儿：当然了，要不然它不会跟着我们，也不会发光。

这段对话告诉我们一个道理：幼儿总是以自己的身体为中心考虑事情，喜欢从自己的立场出发去认识事物，无法做到换位思考，无法站在他人的立场上去考虑事情。为了证明幼儿的自我中心主义倾向，皮亚杰还曾经做过一个著名的实验，这就是"三山实验"，下面我们一起来看看这个实验吧。

在"三山实验"中，皮亚杰和助手把大小、形态、高低各不同的三座大山模型，分别放在桌子中央，让孩子从桌子四周分别观察大山的模型。之后，让孩子坐在桌子的其中一面，再把一个玩具娃娃放在对立的另外一面。实验者问幼儿"玩具娃娃在自己的位置上，看到的大山模型是什么样子"。结果孩子的描述都是从自己的角度所看到的大山的模型，而不是以玩具娃娃的角度所看到大山模型的样子。

皮亚杰通过这个"三山实验"，证明了3岁孩子都是"以自我为中心"的思维模式，他们认识事物、考虑问题，都是站在自己的立场上，而无法顾及别人的立场和感受。

皮亚杰的"三山实验"非常著名，但是后来许多人逐渐对"三山实验"提出了质疑，他们认为，幼儿之所以无法从玩具娃娃的角度去思考大山模型，是因为皮亚杰设置的这个实验实在是太难了，幼儿无法理解这些概念。

后来，有一位研究者重新改造了"三山实验"，他将大山模型替换为一个有湖泊、森林、动物、建筑物和人物的农庄，而之前实验里的玩具娃娃，则被著名的儿童节目《芝麻街》中的角色 Grover（格罗弗）所替代。他把 Grover 放置在农庄各处，然后问儿童"Grover 看到了什么"，结果 3 岁的儿童都能绘声绘色地把 Grover 所看到的情景描述出来。

"新三山实验"让我们对孩子"以自我为中心"的思维方式产生了新的理解，也许，当孩子不理解人物之间的关系，或者对所面临的困境不知所措时，孩子喜欢站在自己的立场去考虑问题、解决问题，而当孩子熟悉人物之间的关系，对所处的环境又非常了解时，孩子也许会进行换位思考，站在对方的立场上考虑问题。

我认为，这个新的发现，其实可以给我们一个很好的教育启示：3 岁孩子的思维方式，的确是以自我为中心的，但我们可以给孩子提供一个良好的教育环境，利用熟悉的环境和熟悉的人物，让孩子逐渐打开自己的心扉，试着站在对方的立场上去考虑问题。这跟我们之前所说的幼儿的"泛灵心理"有相通之处，比如，如果我们发现孩子喜欢动手打人，这种情况下，我们就可以引导孩子把对方想象成他的玩偶，让孩子想象一下，如果他喜欢的玩偶被别人伤害了，玩偶会不会伤心，会不会难过？尝试先从孩子熟悉的角色上面寻找突破点，我们可以让一个原本喜欢以自我为中心进行思维的孩子，慢慢试着去换位思考，去体会他人的感受，这也是一个很好的教育方法。

每天"十万个为什么"，分分钟被他逼疯

没生孩子之前，有个朋友跟我说："你应该好好享受现在这么清静的时光，等你以后有了孩子就别想安生了，到时候孩子天天追着你，在你耳边叽叽喳喳地问各种各样的问题，你随时都会崩溃。"

程程2岁多快要3岁的时候，我也体会到了被"十万个为什么"追着问的感觉。走在路上，程程会不停地问各种各样的问题："妈妈，小草为什么是绿色的？""妈妈，秋天树叶为什么会落下来？""妈妈，这是什么花？好漂亮呀！""妈妈，小鱼有爸爸妈妈吗？"……可以说，只要她醒着，就会无时无刻不在追着我问各种奇怪的问题。知道答案的，我就仔细解释给她听；不知道答案的，我就上网帮她查一下；如果网上也没有确切答案的，我就只能说等我以后知道答案了，再慢慢告诉她。

现在回想一下，在程程每天追着我问"十万个为什么"的阶段，作为一个妈妈，我已经拿出了十二分的耐心和认真。因为我知道，这个年龄段的孩子好奇心特别重，他们有着强烈的探索欲，碰到不懂的问题，都喜欢追着爸爸妈妈问一下"为什么"。在一问一答的过程中，孩子可以通过父母的解答，学习到很多书本上

学不到的知识，所以父母千万不能错过这个宝贵的教育机会。

泰国曾经有一个广告短片《豆芽引发的梦想》，这个短片中的妈妈只有小学四年级的文化水平，家里的收入主要靠妈妈在菜市场卖菜获得。

有一天，女儿放学回家，看见隔壁摊位生意很火爆，于是她问妈妈："妈妈，为什么那里有那么多人？"妈妈说："因为整个市场里只有隔壁一家在卖豆芽。"女孩接着问妈妈："那为什么我们不种豆芽呢？"没想到这位妈妈的回答是："我们试试吧。"说试就试，妈妈带着孩子开始动手种豆芽了。刚开始，因为不知道种豆芽的方法，她们很快失败了，连续经历了两次失败之后，第三次她们终于成功了。然后妈妈问女儿："我们要不要试试种其他的东西？"女儿开心地回答说："我们试试吧。"

其实，这个广告片是由真人故事改编的，她的原型就是 Netnapa Saelee——一位在瑞典做研究的生物学博士。

这个短片让我很受触动，当女孩追着妈妈问"为什么"的时候，妈妈并没有敷衍了事，而是亲自带着女儿尝试种豆芽，她用实际行动给了孩子世界上最好的答案。与这位妈妈相比，我们很多妈妈连回答孩子问题的耐心都没有，实在让人有些汗颜。其实，当孩子问我们"月亮为什么在晚上才出来"的时候，我们可以趁机把昼夜交替的规律跟孩子简单说明一下，没准孩子听完我们的答案，就会喜欢上了宇宙和太空呢。所以说，我们的每一次耐心回答，都有可能成为点亮孩子人生梦想的小火苗。

当孩子追着我们问"为什么"时，我们应该拿出父母应有的耐心来对待孩子：

1. 首先态度要认真

当孩子追着我们问"为什么"时，无论我们是否知道答案，态度都要认真，因为这是维护孩子好奇心和探索欲的关键所在，我们的每一次认真回答，事实上都是在鼓励孩子继续提出问题。如果孩子提问时，你表现出敷衍、不耐烦的态度，那么时间久了，孩子探索的欲望就会越来越小，因为他通过你的态度能够感觉到自己的问题有多么"幼稚可笑"。

2. 尽量解答孩子的问题

当孩子提出问题之后，我们要尽量解答孩子的问题，知道的就耐心解释给孩子听，不懂的问题千万不要敷衍孩子，因为这事关孩子将来的知识积累，你的一次错误极有可能会影响孩子的一生。所以，当我们对答案犹豫不决的时候，最好是上网搜索或通过其他渠道寻找权威答案，尽量给孩子提供科学的解答。对于一些连专家也解答不了的问题，我们可以这样鼓励孩子："你要好好学习，以后说不定就靠你给出答案了。"世界上没有不可能的事情，你现在给孩子留下一颗梦想的种子，没准儿孩子将来真的会给你交出一份满意的答案。

3. 给孩子买一些有关"十万个为什么"的书籍

3岁多的孩子可以阅读一些简单的绘本了，这时我们不妨给孩子买一些与"十万个为什么"有关的书籍，让孩子自己去阅读。孩子阅读完这些绘本之后，可能很多问题自己就能找到答案了，也就没必要再来问父母了。女儿程程读完几本"十万个为什么"的书籍之后，我们俩的角色慢慢就发生了转变，以前是程程经常问我"为什么"，而当她有了一定的知识积累之后，就变成了她主动考我："妈妈，你知道树叶为什么在秋天会落下来吗？"我假装说："不知道啊。"程程就会一脸得意地告诉我："妈妈，我知道答案呀，我可以来告诉你……"你看，孩子经过阅读之后，慢慢地由原来的"问题提出者"，变成了"问题解答者"，这样我们不就轻松多了！

我们应该珍惜孩子追着我们问"十万个为什么"的美好时光，可以把孩子问的这些问题想象成无数个小灯泡，我们每耐心回答孩子一个问题，这些小灯泡就会被点亮一个。我们回答的问题越多，孩子生命中被点亮的小灯泡就会越多，那么他的人生也就越来越精彩，这样一想，是不是就很有成就感了？

乱涂乱画——"涂鸦期"的秘密和机遇

涂鸦可以说是孩子的天性，1 岁左右的孩子，就能拿起笔在纸上随手乱画了。2 岁左右的孩子也喜欢乱涂乱画，但是涂鸦的作品往往是连续的线条或简单的图案；而 3 岁的孩子，手腕肌肉力量和骨骼活动能力已经有了很大的提升，孩子能够通过手眼配合，画出圆形、方形等封闭图案，而且能进行简单的临摹了。另外，这个年龄阶段的孩子，握笔方法已经与成人无异了。所以，这一阶段的孩子大多喜欢涂涂画画。

涂鸦期是孩子观察力、想象力、创造力以及动手能力发展的机遇期，家长一定要抓住这一关键期，引导和启发孩子。

可是，有的家长认为孩子的涂鸦期来了，自己的烦恼也来了，那是因为孩子喜欢乱涂乱画，父母稍不注意孩子就拿着笔在墙上或桌子上开始"创作"了。

我家书房的墙纸上，现在还保留着一大块孩子们涂鸦的印记。当时和程程差不多大小的侄子在我家居住，考虑到孩子们有可能趁大人不注意时会在墙上乱涂乱画，我已经提前给孩子们准备好了画笔和白纸，然后告诉他们，如果想画的话，就拿笔在纸上随便画，千万不要在墙上随手涂画。

后来，我和先生有事出门了，程程的姥姥盯着两个小家伙在客厅里玩耍。晚上回到家，我到书房整理东西，一扭头突然发现门口的墙面上有一大片歪歪扭扭的图案，仔细一看，是油笔和水彩笔的印记，而且线条弯弯曲曲高低不同，一看就知道是两个小家伙的"杰作"。我们把两个孩子叫到面前，很快孩子们就"坦白"了。

"为什么不在纸上画呢？"我问道。

"我觉得在墙上画画更好玩。"女儿如实回答道。

"画上去很难擦掉的，你们知道吗？"

然后，两个人低着头，就没有下文了。

当天晚上我和先生带着两个孩子尝试了各种办法，用了清洗剂、牙膏等，才勉强擦掉了大部分痕迹，但是仔细一看，还有一些图案轮廓留在上面，怎么也擦不掉了。后来我想，那就留着这块印记吧，也好提醒孩子们注意，以后不要在墙上乱涂乱画了。

再后来，为了满足孩子们的涂鸦要求，我特地买了一个可折叠的小书桌，还买了一大块蓝色的画布，把画布铺在书桌上，上面放一大张白纸，给孩子们准备了水彩笔和油画笔，让孩子们随便涂鸦。从此以后，孩子们再也没有在墙面或书桌上乱涂乱画了。

我知道涂鸦是孩子的天性，孩子从1岁左右开始就具备了涂鸦的能力，可以说只要他的手腕稍微能够运动，手指变得灵活之后，他就会不由自主地找各种地方去乱涂乱画。当然，孩子在涂鸦的过程中，各方面的能力都能得到很好的锻炼和提升，比如以下几点：

1. 观察力得到锻炼和提升

3岁左右的孩子，仔细观察物品的特征之后，就能简单临摹了，尽管孩子画出的物品跟实物之间还有很大的差别，看上去也许比较粗糙，但这也是孩子绘画能力的一种体现。慢慢地，我们可以引导孩子观察得再仔细一点儿，比如，提醒孩子观察物品的形状、人物的眼神、花草的颜色，等等。在这个过程中，孩子的观察力也会得到很好的锻炼和提升。

2. 想象力得到锻炼和提升

3岁左右的孩子想象力非常丰富，妈妈给他讲过的绘本，他所看到的动物或风景，都会储存在他的记忆深处。孩子先把脑海里的记忆想象成具体的图片，然后再用自己的画笔把它们展现出来。程程小时候听过"嫦娥奔月"的故事，有一天她和爸爸在一起画画的时候，她就提出了一个设想，她说："爸爸，你可不可以把我放到月亮上，让我在月亮上钓鱼呢？"根据程程的这个设想，爸爸和她一起创作出了一幅绘画作品，就叫《程程在月亮上钓鱼》。程程看到这幅画，特别开心。你看，孩子的想象力是无穷的，通过画笔，孩子能把各种各样的场景在纸上展现出来，这对孩子而言是一件非常有成就感的事情。

3. 手眼协调能力得到进一步增强

孩子在画画的时候，需要用眼睛观察，用手腕运笔，随着画画的精细程度越来越高，孩子手眼协调的能力也能得到进一步增强。手眼协调能力强的孩子，今后在写字的时候，无论写字效率、运笔能力，还是字体的规范程度都会更高。另外，手眼协调能力强的孩子，心灵手巧，动手能力更强，做事的精细程度更高。因此，父母一定要抓住孩子的涂鸦期，正确地引导孩子。

总之，我们千万不要小瞧了涂鸦的作用，孩子在涂鸦的过程中不仅收获了快乐，更重要的是锻炼了他的观察力、记忆力、想象力、模仿能力以及手眼协调能力等，父母千万不要扼杀了孩子涂鸦的天性。

有样学样，模仿能力达到高峰

孩子天生就有模仿能力，就连半岁的婴儿有时候也能模仿大人的表情：你笑的时候，他哈哈大笑；你咧嘴假装哭，他的表情也马上变得严肃起来。随着孩子的逐渐成长，到了3岁之后，孩子的模仿能力达到顶峰，很多家长会发现，孩子什么事情都喜欢模仿别人，好像一点儿主见都没有。

峰峰今年3岁半了，妈妈发现，以前峰峰玩耍的时候很有独立性，想玩沙子就去玩沙子，想骑木马就跑过去骑木马，可是最近这段时间，妈妈发现峰峰好像特别喜欢跟别的小朋友在一起玩，而且玩耍的时候很没有主见，别人玩什么，他就跟着玩什么。

周末到了，妈妈带峰峰去表哥家玩，表哥比峰峰大一岁，两个人玩得很开心。妈妈很快发现，峰峰无论做什么事情都喜欢模仿表哥。刚开始的时候，峰峰正在唱"小白兔"，但看到表哥在唱"两只老虎"，峰峰立马学着表哥的样子，也开始唱起了"两只老虎"。表哥拿起玩具枪在摆弄，峰峰立马跑过去也找了一把"小手枪"，学着表哥的样子，"砰砰砰"开始打枪。刚开始，妈妈以为峰峰只喜欢模仿比他大的孩子，没想到，他跟小半岁的表弟在一起也喜欢模仿表弟的动作，表弟趴在地上学老虎走路，峰峰也立刻趴在地上学表弟的样子。对此，峰峰妈妈非常担心，她认为峰峰太没有主见了。

3岁左右的孩子，中枢神经系统正处于快速发育和成熟的阶段，所以这个时期的孩子对知识的吸收和接纳程度非常高，尤其是对于一些新事物，孩子特别感兴趣。另外，这一阶段孩子的社交范围不再局限于自己的父母、爷爷奶奶或姥姥姥爷，而是拓展到了同龄的小伙伴。在与他人进行交往的过程中，只要对方的某些行为在孩子看来很新奇，那么他就愿意模仿对方的行为，无论被模仿对象比他大还是比他小，这些都不重要，孩子只是单纯地想要模仿新奇的行为而已。

孩子在模仿的过程中，通过重复某一动作而掌握某一能力，从而使他的行为能力、思维能力、观察能力都能得到良好的锻炼和提升。而且3岁左右的孩子，在模仿的过程中还有一个特点，那就是选择性的模仿，他会选择那些新奇的，能吸引自己兴趣的行为，或者相对安全的行为去模仿，这个年龄阶段孩子的模仿行为已经具有了一定的主观能动性。

我们在面对一个模仿能力达到高峰的孩子时，应该注意以下几点事宜：

1. 挑选合适的模仿对象

从这个时候开始，父母就应该有意识地引导孩子结交一些品行良好的小伙伴，孩子在与这些小伙伴相处的过程中，也会有意识地模仿小伙伴的一些有益的行为，比如分享玩具、礼让他人、文明用语，等等。俗话说"近朱者赤，近墨者黑"，孩子如果长时间与品行良好的朋友相处，也会潜移默化地习得一些好的品质，反之就会学到一些坏习惯。程程小时候在公园玩，当时我们经常在公园里遇到一个比较淘气的小男孩，因为他的妈妈比较宠溺他，这个孩子从小就养成了骄纵跋扈的性格，一言不合就动手打小朋友，掐脸、踹人等。因此，大家在公园玩耍时，家长都会刻意让自家孩子跟那个男孩保持一定的距离，一方面是害怕自己

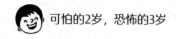

的孩子受到伤害，另一方面也是担心孩子有样学样，模仿对方的样子，沾染一些恶习。

2. 创设游戏情境，与孩子一起做游戏

3岁时，孩子的模仿能力达到高峰，这时候父母可以创设一些有趣的游戏情境，并参与其中，带领孩子一起做游戏。在游戏的过程中，父母可以引导孩子学习一些社交规则。比如，"过家家"就是一个很好的游戏模式，可以让孩子扮演医生，妈妈扮演病人，通过这个游戏，孩子可以明白医生的职责是治病救人；也可以让孩子扮演妈妈，妈妈扮演宝宝，"宝宝"病了，"妈妈"可以试着给"宝宝"喂水喂药。在游戏的过程中，孩子自然而然就能学会一些照顾他人的技能。总之，我们要善用孩子的模仿能力来设计一些有趣的情境游戏，让孩子通过亲身实践，掌握一些与人相处的规则，这比苦口婆心讲道理效果更好。

总之，我们不经意的一个举动，很有可能会被孩子模仿到，所以既然选择做了父母，那就应该随时注意自己的言行举止，努力给孩子树立一个好的榜样。

第 10 章

探索敏感期——3 岁孩子的日常生活

　　3 岁的孩子精力充沛，喜欢探索世界，玩水、玩沙、踩泥坑，从高处往下跳……父母不必吃惊，不必烦恼，这正是这个阶段的孩子积极探索世界的典型表现。

　　另外，这一阶段的孩子不再想让大人帮忙，而是喜欢"自己动手，丰衣足食"。

精力爆棚，一刻也不闲着

如果用一句话来形容3岁孩子旺盛的精力，我觉得没有比"充电5分钟，通话2小时"这句广告语更形象的了。3岁孩子从睁开眼的那一刻起，就开始各种闹、各种作，顾不上吃饭，也顾不上睡觉，一直战斗力满满。有位父亲开玩笑说：自己3岁的儿子带着边牧（边境牧羊犬）一起玩，结果不到半小时，边牧累趴下了，可他的儿子却依然精力充沛。

朋友说，她和邻居分别带着自家3岁的儿子，一起去商场玩。一进商场，两个孩子就两眼放光，在商场里面撒着欢疯跑，你追我赶，不到20分钟，两个家长的额头上都布满了汗珠。她俩在后面光是追赶孩子，就耗费了大半的体力，压根没有多余的精力再去买东西了。一番折腾过后，两个人纷纷感叹：下次出门，坚决不能带"神兽"出来。

4个人在商场里跑了大半天也累了，于是找了个地方吃饭，吃饭的时候两个孩子也是上蹿下跳，一点儿也不老实。好不容易哄着两个"神兽"吃完了饭，两个大人也没精力闲逛了，于是准备回家，没想到两个神兽一上车就累得呼呼大睡起来。两位老母亲互相递了个眼色，想着晚上回到家，孩子肯定能早点儿睡觉。结果没想到，刚到家，俩孩子又像打了鸡血一样，争先恐后窜进了家门，在客厅的沙发上继续你追我赶，又开启了"疯狂模式"。

总之，这一阶段的孩子精力非常充沛，似乎一刻也不能闲下来。具体而言，他们会呈现出以下行为特点：

1. 满脑子想的都是玩

3 岁的孩子已经具备了玩的能力和丰富的想象力，总能随时随地创造出各种好玩的游戏来。这个时期的孩子，满脑子想的都是玩——玩这个，玩那个，怎么玩，玩到什么时候等，至于几点吃饭，几点睡觉，他们根本不在乎。这个阶段的孩子，已经不像之前那样只对吃喝充满好奇和欲望，每天哼哼唧唧地索要零食，只要得到好吃的零食，就能开心大半天。可以说，这一阶段孩子的喜好已经从"吃喝"转移到了"玩乐"上面，玩乐的重要性远远超过了好吃的零食，只要能玩得开心，玩得舒服，哪怕不吃饭，不睡觉都无所谓。

2. 吃饭睡觉越来越困难

有的妈妈会发现，孩子在 2 岁之前，每天还有午睡的习惯，中午吃完饭需要睡两个小时左右才有精力接着玩。过了 2 岁之后，孩子所需要的睡眠时间逐渐减少，有些 3 岁左右的孩子，中午只是眯一小会儿，甚至都可以不睡午觉。看到这种情况，有的妈妈会非常焦虑，逼着孩子躺在床上睡午觉，可是孩子躺在床上翻来覆去，怎么也睡不着。其实，妈妈们不必担心，因为这是 3 岁孩子的正常表现，他们对睡眠时间没有过高的要求，白天稍微睡一会儿，精力很快就能恢复。当孩子浑身的精力无处发泄时，就想找机会出去撒个欢，等孩子把多余的精力全部消耗掉之后，晚上回到家躺在床上，他才可能倒头就睡。

3. 更容易受伤害

3 岁的孩子，玩起来什么都不顾，和小伙伴一起玩滑梯、捉迷藏，你追我赶，跑起来像一阵风。正因为孩子的活动太过激烈，所以也就非常容易导致他们在玩耍的过程中受伤，比如，在奔跑的过程中来不及停下来，就有可能摔倒或者撞在坚硬的物体上；你追我赶的过程中，用力过猛，就有可能把对方推倒在地，导致对方受伤；男孩们喜欢拿着树枝追追打打，坚硬的树枝很容易刺入眼睛或身体，非常危险。所以，3岁的孩子在玩耍的过程中，父母应该加倍小心，随时提醒孩子注意安全。

以上这些行为的确有一些危险，但是父母也没必要过于担心，不要因为担心孩子的安全问题，就把孩子禁锢在家里，让他安安静静地一个人玩。孩子过剩的精力长期得不到释放的话，就有可能变得焦躁不安，甚至乱发脾气。所以，我们应当充许孩子以适当的方式释放精力，尽情跑跳。

吃饭像打仗：从"乖宝宝"到"对着干"

2 岁左右的孩子，已经想"自己动手，丰衣足食"了，不再想让大人帮忙喂饭。当我们给孩子递一个小勺或小叉子时，尽管她的小手晃来晃去，经常把饭粒涂得满脸都是，但这也挡不住孩子吃饭的快乐，他觉得自己可以独立吃饭了，而且每吃一口饭，他脸上都洋溢着得意的微笑，觉得这可比妈妈喂饭香多了。2 岁的孩子尚且如此，3 岁的孩子更不用说了，他们自己动手吃饭的意愿更加强烈，不再想要大人帮忙喂饭，更不想被大人逼着吃饭。所以，孩子步入 3 岁之后妈妈会发现，孩子不再是以前那个喂什么吃什么的乖宝宝了，他开始变得挑食、任性、不可理喻，每次吃饭都像在打仗。

大女儿程程 3 岁左右，已经可以完全独立吃饭了，尽管每次吃完饭，桌面和地上都会一片狼藉，饭粒和菜叶掉得满地都是，但我依然坚持让程程自己吃饭，因为这对程程来说是一件无比快乐的事情。很多妈妈之所以会觉得孩子吃饭是一件令人头疼的事情，是因为妈妈采取了错误的喂养方法，把一件本来很开心的事情，变成了一项不得不完成的任务——既然成了任务，谁还愿意开开心心地去吃饭呢？

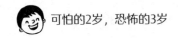

程程 3 岁时，我带她去朋友家吃饭，朋友的儿子和程程年纪相仿，与程程吃饭香喷喷的样子形成鲜明对比的是，朋友的儿子每次一吃饭就像受罪一样。朋友看着埋头吃饭的程程，一脸羡慕地说："什么时候我儿子才有你家闺女这胃口啊！"朋友想让我帮忙分析一下他儿子不爱吃饭的原因。我仔细观察了一下，发现了下面这些问题：

在吃饭之前，朋友会一连串地催促孩子过来吃饭，面对妈妈不断的催促，孩子只顾低头玩玩具，根本不理妈妈。事实上，当你催促了 3 遍以上时，孩子在潜意识里已经把吃饭当成了一件令人讨厌的事情，而且你催促的次数越多，孩子就越讨厌吃饭。过了一会儿，孩子好不容易坐到餐桌前准备吃饭了，朋友又不停地往孩子碗里夹菜："你要多吃这种青菜，这种青菜含铁，对身体有好处""你要多吃点儿肉，男孩子多吃肉才能长身体"……我粗略统计了一下，朋友在孩子吃饭期间，唠叨的次数不下 10 次，我要是朋友的孩子，对吃饭的兴趣也会大减。

孩子吃了一半米饭，就不愿再吃了，这时候朋友又说："一个男孩子，竟然连一小碗米饭都吃不完，还不如个小姑娘呢！"可是，无论朋友如何激将，孩子也不肯再在餐桌前多待一分钟，直接丢下碗筷，跑到客厅去玩了。

我以为吃饭这件事终于告一段落了，没想到朋友收拾完碗筷，擦擦手，竟然端起孩子吃剩的半碗饭，跑到客厅追着孩子去喂饭了。就这样，在妈妈的劝说下，孩子勉强又吃了两三口饭。对此，我多少有点儿吃惊：3 岁的男孩，难道还要妈妈追着喂饭吃吗？

下面，我们就来具体分析一下，朋友的做法究竟存在哪些问题。

1. 吃饭这件事千万不能催

父母应该从根本上改变让孩子吃饭的错误思维，我们要让孩子感觉吃饭是一件开心的事情，而不是一件不得不完成的任务。如果不想让孩子讨厌吃饭，首要的做法就是不要反复催促孩子吃饭，你越催，孩子就会越讨厌吃饭，因为在孩子眼里，这已经是一项必须得完成的任务了。我建议，催促孩子吃饭最好不要超过3次，3次过后，孩子再不过来吃饭，那就直接把饭菜收走，孩子偶尔少吃一顿饭也没关系。

2. 在饭桌上不要反复唠叨

每种食物都有自己的营养成分，对身体都有益处，如果孩子每次坐到餐桌旁准备吃饭时，都要听妈妈和尚念经一般地"唠叨"个没完："这个有营养，那个有营养""你要多吃这个，你要多吃那个"。估计光听听这些唠叨，孩子差不多已经半饱了，哪还有心思去大快朵颐呢？作为家长我们要知道，吃饭也需要好心情，当你心情烦躁时，即便美食摆在你面前，你也很难像平时那样食欲满满。

3. 任何时候，都不要追着孩子喂饭

无论面对 2 岁的孩子，还是 3 岁的孩子，我们都不要追着孩子喂饭。首先，吃饭是孩子可以独立完成的一件事情，没必要由父母代劳。程程 2 岁左右，我就给她定了一个家规，自己的事情自己做，包括生活和学习。因此，程程从小就知道，吃饭是她自己的事情。既然吃饭是孩子自己的事情，那么就没必要给孩子造成一种错觉：好像必须得父母追着自己，求着自己来吃饭，自己才肯张嘴吃一口。我们没必要把一件开心的事情搞得像恳求孩子一样。如果父母把自己的姿态放得很低，那么孩子就会把讨厌吃饭的气势抬得更高。

心理学上有个现象叫作"超限效应"，意思是指刺激过多、过强或作用时间过久，从而引起心理极不耐烦或逆反的心理现象。同样的，父母催促孩子吃饭的次数多了，也会形成"超限效应"，让孩子对吃饭产生逆反心理。

在我的记忆中，我从来没有过到处追着程程喂饭的经历，反倒是程程每天追着我问："妈妈，晚上我们吃什么呀？""妈妈，你可不可以给我做面条啊？妈妈做的面条最好吃了！""妈妈，我想吃鱼香肉丝。"我们把吃饭这件事，变成了一场有趣的交流。你看，我们越不催促孩子，越不逼迫孩子吃饭，孩子反而对吃饭越

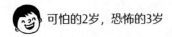

有期待和热情。每个孩子都有自己的饮食习惯和喜好，我们没办法要求每个孩子看见食物都喜欢得不得了，但是作为父母，我们至少可以改变教养的方式，不催促、不唠叨，起码不要让自己成为孩子讨厌吃饭的"罪魁祸首"。

令人崩溃的"晚上不睡觉，早晨不起来"

2 岁孩子的睡眠时间比较长，白天玩了一天，晚上到点就睡觉。3 岁的孩子与 2 岁孩子相比，睡眠时间相对减少，与此同时随着身体的发育及肢体运动能力的提升，孩子的精力和体力更加充沛，因此他们需要通过更多的户外运动来消耗多余的体力。很多妈妈发现，以前到点就睡觉的孩子，晚上突然睡不着了，躺在床上辗转反侧，左顾右盼，可一旦呼呼睡着之后，早上却怎么都叫不起来。面对孩子这种晚睡晚起的睡眠习惯，父母总是苦口婆心地劝孩子："你晚上早点儿睡，睡够了，早上不就能起来了吗？"可是到了第二天晚上，孩子躺在床上依然睡不着。

程程也有过这样的经历。上幼儿园之前有一段时间，我发现程程开始有了"失眠"症状。晚上躺在床上，翻来覆去就是睡不着，我把台灯关掉，坐在她的身边，陪她入睡。过了一会儿，我偷偷看了一下手表，10 分钟过去了，程程把头埋在被子里，身子像条虫子一样扭来扭去，依然没睡着。尽管我的内心非常焦虑，却不敢问她一句："宝贝，你为什么睡不着？"我知道，我越问，她越睡不着，于是我只好耐着性子，一分一秒地等着她快点儿入睡。

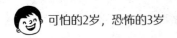

第二天早上，起床的闹钟响了，程程竟然没听到，还在呼呼大睡。第二次闹钟响了，程程依然没听见。我只好走过去，把她叫了起来。程程揉着惺忪的睡眼，伸了伸懒腰，倒头又向床上瘫了下去。

晚睡晚起的睡眠习惯，是很多孩子都存在的问题，父母没必要太过担心。一般而言，导致孩子出现"晚上睡不着，早上起不来"的问题，主要有以下几方面因素。

1. 孩子的精力在白天没有消耗掉

3岁孩子的精力和2岁孩子有很大的差别，我们不能按照养育2岁孩子的方法去养育3岁的孩子。随着孩子逐渐长大，我们应该适当调整他的户外活动时间，让孩子在外面跑一跑、跳一跳，把身体里过剩的精力释放掉。这样的话，孩子到了晚上睡觉时间，就不会辗转反侧，难以入睡了。

2. 睡觉前不要做剧烈运动

晚上回家，孩子吃完饭、读完书，爸爸妈妈也有了空闲时间，全家人围坐在一起，享受着难得的愉快时光。这时候，孩子的精神往往都比较亢奋，喜欢拉着爸爸妈妈一起做游戏。如果孩子到了睡觉时间，精神依然亢奋的话，那么他就很难安静下来好好入睡。所以建议在孩子入睡前的半小时内，进行一些安静的亲子活动，大家可以围坐在一起听听音乐、讲讲故事，或者聊聊天等。通过这些安静的亲子活动，使孩子亢奋的情绪平静下来，再去睡觉，就会比较容易睡着。

3. 给孩子营造一个良好的睡眠环境

为了让孩子尽快入睡，我们应该尽量给孩子提供一个良好的睡眠环境。首先，要给孩子提供一个安静的睡眠环境，比如客厅里的电视声音不要放太大，晚上家长不要在家中和亲朋好友聚会吵闹，等等。其次，尽量避免光线干扰孩子入睡。有实验证明，孩子在黑暗的环境下，能获得更高质量的睡眠。所以，在孩子睡觉前，我们最好帮孩子拉上窗帘，以免窗外的月光或者灯光照射进来，影响孩子睡觉。另外，为了帮助孩子更快入睡，我们还可以给孩子准备一个柔软的小玩偶，让孩子抱着入睡，柔软的玩偶能够给孩子带来充足的安全感和幸福感，让孩子更快地进入睡眠。

4. 不要强迫孩子睡午觉

每个孩子对睡眠时长需求不同，我们应该根据孩子的具体情况来判断他是否需要睡午觉或者需要睡多长时间的午觉，而不能一刀切地要求孩子中午必须睡一个小时或者半个小时。有的孩子睡了午觉之后，到了晚上就会出现入睡困难的问题，如果父母发现孩子存在这种现象，就要及时调整孩子的午睡时间，不要强迫孩子躺在床上睡午觉。

女儿程程平时很少睡午觉，如果偶尔下午睡一两个小时，到了晚上睡觉时间她就会躺在床上辗转反侧，怎么也睡不着。后来，我索性让程程顺其自然地休息，如果她觉得累了，想睡午觉就睡午觉，不想睡午觉的话，只要躺在躺床上眯一会儿，让眼睛休息一下也可以。我调整了程程的午睡时间之后，程程晚上再躺在床上时，很快就能入睡了。

随着孩子逐渐成长，他们的精力会越来越旺盛，"晚上睡不着，早上起不来"的状况有可能会持续很久，父母应该做好充足的心理准备，多理解孩子成长发育特点。孩子实在无法入睡的时候，最好不要强迫孩子躺在床上去睡觉，这只会让孩子的睡眠问题变得更加严重。正确的做法是，循序渐近地调整孩子的生活习惯和睡眠习惯，逐渐改善孩子的睡眠环境，让孩子的睡眠时间慢慢往前提。

享受流动的乐趣——花样玩水、玩沙

　　水和沙子似乎对孩子格外有吸引力，这是因为水和沙子有个共同性，那就是它们都能够变化无穷。孩子本身的探索欲和创造力非常强，面对变化无穷的东西他们能感受到更大的快乐。所以，我们经常看到这样的现象：在卫生间，孩子打开水龙头，用手指去触摸流动的水流，看到水流从他的指缝里一点一点地漏下去；夏天到了，孩子穿上凉鞋踩在水坑里，吧嗒吧嗒地享受着水流浸润脚面的愉悦感；来到沙滩上，孩子随手抓起一把沙子，看着沙子一点点地在指缝间漏下去，或者用手轻轻一扬，看着飞舞的沙子在空中飘散。可以说：孩子在流动的世界里感受到了更多的刺激和快乐，每个孩子的童年时期都少不了水和沙子的陪伴。

　　程程小时候，我给她买了很多玩具堆在客厅的一角，但她也只是在无聊的时候才把这些玩具翻出来玩，无论这些玩具多么有趣，都比不上水和沙子带给她的快乐。所以，她更喜欢让我带她去公园里玩。

　　小区附近的公园里有一处喷泉，一处溪流，还有一个沙池，只要去任何一处地方，女儿都可以玩上大半天。夏天广场上的喷泉开了，很多孩子在里面戏水玩闹。我特地给女儿买了一件雨衣，一把水枪，还给她换上防水的凉鞋。她拿着水枪在喷泉下面戏水，在喷泉里面来回穿梭，还"嘎嘎嘎"地笑个不停。

也有的时候，出门前我给她带一套沙滩玩具，她来到公园就会自己找一个小角落，把玩具摊开，和小朋友们一起堆城堡、"做蛋糕"，在沙滩上"植树"，一玩就是好几个小时。

下雨时，地上出现深深浅浅的小水坑，我提醒女儿绕着水坑走，可是她偏不，还故意把小脚丫伸到水坑边缘踩水玩。后来，我索性给她准备了一双雨鞋，只要外面一下雨，我就给她穿上雨衣和雨鞋，然后我俩手拉手跑到公园里，找各种各样的小水坑玩。程程学着小猪佩奇的样子，在水坑里跳啊跳，看到溅起的水花像菊花一样在空中绽放，然后又散落在地上，她笑得前仰后合。

我很感谢大自然赐予的玩具，让程程度过了一个无比快乐的童年。程程在享受水和沙带来的乐趣的过程中，身体的各项能力也都得到了很好的锻炼，尤其是智力得到很好的提升。具体而言，有以下几点。

1. 孩子的观察力得到了提升

孩子之所以喜欢流动的物体，是因为它们可以让他体验到无穷无尽的变化，比如从水龙头里滴落下来的水滴，水坑里的水流，以及喷泉散开的水花，都能给孩子带来不同的刺激和感受。孩子会仔细观察水的神奇变化，看看水在不同状态下的样子，感受水在不同环境下的触觉，从而对这个世界有更深层次的认知。孩子就是这样在与水、沙嬉戏的过程中，让自己的观察力得到了提升。

2. 空间感知能力得到了提升

孩子把水装进不同的容器，或者把沙子装进不同的模具，就可以感受空间的形状和大小。孩子在水坑里蹦蹦跳跳，看到水花溅到水坑外面，也可以明白一个道理——当用脚把水从水坑里挤压出来之后，它可以四处飞溅，进入到另一个空间。当孩子用小手抓起一把沙子撒向空中时，他看着沙粒慢慢从空中落下来，也

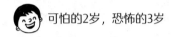

会对空间的概念形成一定的认识。

3. 想象力和创造力得到提升

流动的物体除了能让孩子感受到精神愉悦之外，还能给孩子提供无穷无尽的想象空间，同时开发孩子的创造力。比如，孩子在和水、沙互动的过程中可以以它们为道具展开丰富的想象力。程程拿着水枪，披着雨衣在喷泉里玩耍的时候，会跑过来跟我说："妈妈，我觉得自己很像一个勇敢的女战士。"我笑着跟程程说："那你就在水里好好打仗吧，妈妈觉得你的姿势实在是太帅、太酷了。"程程用沙子堆城堡时，也会告诉我，她是城堡里的公主，爸爸是国王，妈妈是王后。她还用树枝和沙子造出一些"大树"和"动物"，让城堡变得更加美丽和热闹。我说："你可以尽情地发挥想象力和创造力，想把它们创造成什么样子都可以，因为这是你的王国和乐园。"

你看，大自然多么神奇，它不仅能让孩子感受到感官上的愉悦，还能让孩子在与水和沙的互动中，锻炼和提升各方面的能力。

动作发展：喜欢从高处往下跳，不管利害

3 岁的孩子喜欢从床上、沙发上、凳子上往下跳，这是什么原因呢？孩子喜欢从高处往下跳，除了能享受到一跃而下的快感之外，还有一个重要的原因，那就是他在探索周围的空间。他从高处跳下来，身体的各部分都在感受着空间的大小、位置的高低，通过这种行为，他可以对空间有更深刻的认知和了解。这是孩子空间能力发展的一个重要过程，家长不要阻止孩子。

但是，很多孩子在从高处往下跳的过程中只顾快乐，却忽视了危险的存在。曾有孩子学着小猫的样子，从窗户上面往下跳，看看自己能够跳多高，结果差点儿酿成悲剧。

有个 3 岁多的孩子，看到小猫跳跃起来很敏捷，能从这个窗户跳到那个窗户，就像一道闪电一样，他非常羡慕。有一天，孩子打开窗户，也学着小猫的样子纵身一跃，他以为自己能像小猫一样轻盈地落在地上，结果不幸的是，他重重地摔到了楼下的草坪上。幸运的是，孩子家住一楼，他除了身体有擦伤之外并无大碍，但是这件事情却把他的爸爸妈妈吓出一身冷汗。

所以，在这个阶段，父母要格外注意孩子的一举一动，因为这一阶段的孩子更关注开心快乐，而缺乏必要的安全意识。屡见不鲜的悲剧提醒我们父母：在看管孩子时，一定要随时注意周围的危险。为了防止孩子从高处掉落摔伤，以下几方面的事宜父母应该格外小心。

1. 不要在窗下放置小板凳等物品

很多孩子从高空坠落的惨案，都有一个共性，那就是父母在窗下放置了小板凳或其他物品。这种情况下，孩子在好奇心的驱使下很可能会踩在上面，爬上窗台，如果窗户没有防护网的情况下，孩子很可能会高空坠落，造成悲剧。所以，为了避免发生这样的悲剧，父母一定要认真排查窗台下面的安全隐患，把小板凳或者其他能够踩踏的物品全部搬走，不要给孩子提供任何可以踩踏的机会。

2. 在床边做好防护

有的孩子喜欢把软绵绵的床当作蹦蹦床，在上面玩耍。他们站在床上，使劲往高处蹦跳，享受着起起落落的快感。但是，因为床垫很软，孩子从高处落下去之后很容易出现重心不稳的现象，稍不小心，就有可能从床上翻滚下去。孩子一旦后脑勺着地，就会非常危险，所以为了防止孩子从床上跌落下去，父母最好在床边做好防护工作，也可以在床的周围铺上一圈地毯或爬行垫，以免孩子从床上跳下来受伤。

3. 在沙发下面铺设爬行垫

3岁左右的孩子，还喜欢爬到沙发上面，然后再从沙发上往下跳，沙发与床一样，具有一定的弹性，孩子站在上面，很容易重心不稳，摔倒在地。所以建议父母，最好在沙发周围铺上一层厚度5厘米以上的爬行垫，防止孩子从沙发上跳下来的时候受伤。

4. 把尖锐的物品拿走

客厅的玩具区域最好不要出现尖锐的物品，比如棱角锋利的积木玩具以及剪刀等，以免孩子从高处跳下来的时候踩在上面受伤。孩子在玩耍之前，父母应该把孩子经常活动的区域认真检查一遍，看看地上有没有掉落这些尖锐的物品，有的话，及时把它们收起来，以免发生危险。

　　总之，孩子的空间探索欲望，促使孩子喜欢从高处往下跳，但他们的安全意识淡薄，对危险情况预判能力差，因此容易导致身体受伤。所以，父母在看管孩子时一定要再三排查孩子活动区域的安全隐患，尽可能给孩子提供一个相对安全的探索空间。

社交敏感期——3 岁孩子的社交特点

3岁的孩子开始进入社交敏感期，他们喜欢跟小朋友一起玩游戏，也有了初步的合作意识，但在合作的过程中，仍免不了暴露出自私、霸道的一面，因此常常与小伙产生冲突。而打人、咬人是他们解决冲突的常用方式，家长要对他们进行正确引导。

懂得合作，仍免不了自私和霸道

3岁的孩子不像2岁时那么自私了，他们对大人的依赖逐渐减少，对其他小朋友开始有了关注。外出玩耍时，他们不再找个角落独自玩耍，而是有了与他人共同玩耍的意愿。在游戏的时候，3岁的孩子能与同伴进行简单的合作，大家相互配合完成一个游戏，但是在游戏的过程中，他们之间的矛盾和冲突仍然频发，刚刚建立的合作关系，很有可能瞬间瓦解。

3岁的晓晓和航航是从小一起玩耍的小伙伴，两个人住在同一个小区，大人们经常带着他们一起出去玩。2岁左右的时候，两个孩子虽然也经常坐在一起，但也只是各玩各自的游戏，顶多在分享零食的时候，互相交换一下。

3岁左右时，晓晓和航航的互动明显多了起来。有一次玩沙滩游戏的时候，晓晓把自己的玩具借给了航航，航航也大方地拿出自己的玩具小汽车递给晓晓。两个孩子共同协作，你运沙子，我堆城堡，玩得非常开心。可是，不一会儿，航航突然说："你知道吗？我的幼儿园可大了，有这么大。"航航说着，把双臂大大地张开，跟晓晓比划着。晓晓一听，也不甘示弱，急忙说道："我的幼儿园才大呢，有这么大。"晓晓说完，也伸开双臂比划着。"我的幼儿园大，你的幼儿园小。""我的幼儿园大，你的幼儿园才小呢。"两个人你一句我一句，争个面红耳赤，说到激动处，甚至还扭打在了一起。妈妈急忙跑过来，把两个人拉开。晓晓捡起自己的玩具，哭着对航航说："我再也不跟你玩了。"航航哼了一声，说道："我也不跟你玩了。"

案例中的晓晓和航航的交往模式很符合 3 岁孩子的社交特点，既渴望与小朋友一起玩耍，在玩耍的过程中又会因为各种各样的琐事发生矛盾，导致刚刚建立的合作关系，随时面临破裂。这是因为 3 岁的孩子仍然不能正确地处理人际关系，面对稍微复杂一点儿的矛盾，就不知道该怎么办了。他们不会用语言好好沟通，也不懂得迁就对方，所以仍然会延续之前的做法，采用争吵或打架的方式来解决问题。

根据孩子的这一社交特点，父母应该采取正确的教育方式去引导孩子，教孩子学会与小朋友和谐相处的道理，避免发生过多的矛盾和冲突。那么，我们应该如何正确地引导孩子呢？

1. 一起玩耍才有趣

如果我们发现孩子在玩耍的过程中，总是时不时停下来观察身边的小朋友如何玩，那就说明孩子有了交往需求，想参与进来和他们一起玩耍。这时候，父母可以走过来，鼓励孩子主动跟对方玩耍，可以告诉孩子大家一起玩耍才有趣，还可以建议孩子把手里的玩具拿出来，跟大家一起分享。在父母的鼓励下，孩子慢慢会走出社交的第一步。

2. 要遵守游戏规则

孩子参与集体游戏之前，妈妈就应该将游戏规则提前讲给孩子。我们应该告诉孩子，游戏是大家的游戏，不是他一个人的游戏，所以游戏有大家都应该遵守的规则，任何一个人不同意这个规则，那就不能参与这个游戏。在游戏的过程中，如果孩子违反了规则，采用哭闹或耍赖的方式向父母求助，父母正确的做法是保持中立，用温和而坚定的态度告诉孩子：如果你想继续和大家一起做游戏，就必须遵守规则，不然的话，你只能退出了。反复几次之后，孩子就知道遵守游戏规则的重要性了。

3. 解决了矛盾仍然可以做好朋友

孩子在玩耍的过程中，经常会因为芝麻大的事情而产生矛盾，这时候，父母应该告诉孩子：小伙伴之间有矛盾是难免的，但是有了矛盾之后，你们还可以继续做好朋友，不要那么小气。这样做，可以让孩子对"矛盾"有一个正确的认识，知道有矛盾是一件非常正常的事情，解决了矛盾，双方仍然可以做好朋友。事实证明，越大气的孩子，在游戏过程中与他人产生矛盾的可能性就会越小。

3岁的孩子没有长久的朋友，也没有永远的笑声，经常玩着玩着就扭打到一起，这正是3岁孩子的社交特点——既想跟你玩，又不知道怎么跟你好好玩。于是，"边玩边产生矛盾，边解决矛盾边玩"就成了孩子游戏过程中的一种常态，我们要多理解这个时期的孩子，不要苛责孩子。

不再完全以自我为中心，开始懂得换位思考

3岁孩子在玩耍的过程中，不再完全以自我为中心，开始懂得换位思考，会逐渐把关注点从"自我"向"他人"身上转移，这代表着孩子社交行为的萌芽。孩子有了换位思考的意识之后，父母应该抓住这一契机，适当对孩子进行社交规范方面的教育，让孩子知道如何更好地与小朋友相处。

程程3岁多的时候与另外一个小女孩一起滑滑梯，两个人一前一后，玩得非常开心。轮到小女孩滑了，她的爷爷在下面接她，可是有一次爷爷不小心松了手，没有接到小女孩，小女孩直接一屁股蹲坐在了地上。因为疼痛，小女孩哇哇大哭起来，程程看见这一幕，急忙从滑梯上面滑下来，站在小女孩身旁，急得团团转。我看到程程充满关爱的眼神，多少有点儿欣慰。我觉得程程长大了，知道心疼小朋友了，虽然她站在原地不知道该做什么，但与之前相比，她已经学会体谅别人的痛苦了。

看到眼前这一幕，我趁机蹲下来，附在程程的耳边跟她说："小朋友摔疼了很难过，妈妈包里有切好的水果，你拿点儿给小朋友吃好吗？"程程听完，点了

点头，自己跑过去把水果拿过来，什么话也没有说，默默地递给了小女孩。小女孩看到程程递过来的水果，止住了哭泣，然后接过水果吃了。不一会儿，两个孩子又跑到一起高高兴兴地玩耍了。

我想用这种方式，教程程学会关心小朋友，我知道下次如果再有小朋友摔倒，伤心地哭泣，程程一定会记住今天的这个好办法——用水果或其他零食来安慰小朋友。其实，孩子的社交能力，就是这样在一点一滴的经验积累中逐渐锻炼出来的。

总的来说，我们在引导3岁孩子与同伴交往时，可以从以下几点着手。

1. 让孩子主动关心小朋友

孩子们在玩耍的过程中，经常会出现不小心摔倒的情况，小朋友会疼得大哭起来。这时候，孩子并不知道如何去安慰对方，而父母应该主动站出来，教会孩子如何安慰他人。比如，看见小朋友生病了或者受伤了，可以让孩子走过去问小朋友一声："你有没有事?"然后再问问小朋友："你有什么需要我帮助吗?"3岁的孩子，不知道如何用行动去关心对方，这时候我们可以从最简单的事情教起，让孩子学会用语言去安慰对方，慢慢地，孩子就能理解别人的痛苦，学会换位思考，也懂得如何去关心别人了。

2. 教孩子遵守游戏规则

2岁的孩子一般比较自私，他们喜欢什么玩具，就会下意识地认为这些玩具都是他的。即便是公共场所的玩具，孩子只要喜欢，也会想独自占有这些玩具，不让其他小朋友玩。而当孩子长到3岁之后，便不再完全以自我为中心，他们开始有了"我的"和"我们"的概念，知道哪些玩具是自己的，哪些玩具是大家的。当孩子能分清这些玩具的归属之后，父母可以趁机教给孩子一些游戏规则，比如，可以这样告诉孩子："秋千、滑梯是属于大家的玩具，玩的时候要排队，按次序玩耍，不能插队，也不能独自占有它们"。当你把这些规则反复讲给孩子之后，孩子参与集体游戏时，便能自觉地遵守。

3. 创造和小朋友玩耍的机会

当孩子有了社交需求之后，父母可以多带孩子出去，多给孩子创造一些和其他小朋友玩耍的机会。父母可以多带孩子去公共游乐场或广场上玩耍，结交同龄的小朋友，让孩子更轻松地融入进去与大家一起玩耍。平时，我们还可以有意识地让孩子结交几个固定的玩伴，比如小区里的小伙伴，幼儿园里的小朋友等。父母还可以约时间和其他家长一起带孩子出去玩，孩子和小伙伴们在一起玩耍，能更快地懂得社交规则。

总而言之，3岁的孩子已经有了社交萌芽，他们喜欢和小朋友一起玩耍，却又不懂得如何更好地与小朋友相处，这时候父母的教育引导就显得非常重要了。当孩子与其他小朋友互动玩耍时，我们可以借机把一些基本的社交规则讲给孩子听，让孩子慢慢学会如何与其他小朋友相处。

和谁玩耍比玩耍本身更重要

3岁孩子在社交的过程中还有一个明显的特征，就是会有喜欢和讨厌之分，他们喜欢和熟悉的小伙伴一起玩耍，看见熟悉的小伙伴时就会表现得非常激动、热情。除此之外，他们还会格外偏爱某个小伙伴，格外喜欢跟某个小伙伴一起玩耍。这些都是3岁孩子正常的交往心理，这说明孩子有了一定的自主选择意识，知道自己喜欢什么，不喜欢什么。这时候家长没必要强迫孩子必须跟谁玩耍，只需要尊重孩子的意愿，让孩子自己去处理这些人际关系就可以了。随着孩子逐渐长大，他的交友观念自然会变得更加成熟和理智。

明明、优优和小雅是同一小区的好朋友，从他们1岁左右开始，他们的妈妈就经常带他们一起去公园玩。每天，大家都一起分享零食和玩具，彼此也成了熟悉的小伙伴。就连选择幼儿园时，妈妈们都会凑在一起商量，最终让三个小伙伴进了同一家幼儿园。

每天，三个小伙伴一起上学，一起放学，一起玩耍，成了形影不离的好朋友。但是，与此同时，也产生了一个问题，每当他们三个在一起玩耍时，如果有其他小朋友想参与进来，明明、优优和小雅就会摆摆手说："我们不想跟你玩，我们才是好朋友。"妈妈经常劝说他们大度一点儿，和其他小朋友一起玩，但是都被孩子们拒绝了。因为他们只喜欢三个人一起玩，不喜欢陌生小朋友加入。

其实这是 3 岁孩子正常的社交心理，面对熟悉的小伙伴，他们会自发地表现出强烈的情感来，和他们在一起感觉非常开心，但是他们却会排斥陌生小朋友和不喜欢的小朋友，即便有小朋友主动问他们"能不能一起玩耍"，也会被他们一口回绝。针对这种情况，家长没必要过分担忧，因为这个年龄阶段的孩子和谁玩耍远比玩耍本身更重要，也就是说孩子只要跟熟悉和喜欢的小伙伴待在一起，就会非常开心，无论他们在一起玩什么。下面，我们来看具体的建议。

1. 尊重孩子的社交意愿

如果孩子只喜欢跟熟悉的小伙伴玩耍，或者只喜欢跟某一个特别喜欢的小伙伴玩耍，都没关系，父母只需要尊重孩子的社交意愿就行了，没必要强迫孩子去接受其他小伙伴。程程 3 岁左右也出现过这样的问题，每天一放学就到公园里找她喜欢的那三个小伙伴。偶尔有一天，她放学回家路过公园，没看到熟悉的小伙伴，就会闷闷不乐一晚上，浑身都不自在。不过，我心里清楚，这只是孩子在特定年龄阶段的一种特殊表现，对孩子的社交影响并不大，我们只要尊重孩子的交友意愿就可以了，没必要上纲上线。

2. 教会孩子委婉拒绝其他小朋友

当孩子有了自己喜欢的小团体之后，就会拒绝其他小朋友的加入。有一次，程程和她的几个小伙伴在一起玩，有个小弟弟看见他们在玩耍，很想加入，于是就拉着奶奶的手走过来，主动问他们："哥哥姐姐，我可以跟你们一起玩吗？"没想到，面对这么一个可爱的小弟弟，他们几个竟然无情地拒绝了他的要求。我当时站在旁边，都非常心疼这个小朋友。晚上回家之后，我把程程叫过来，问程程："你们今天怎么不想跟那个小弟弟玩啊？"程程说："我们几个正在玩游戏，不想让他加入"。我想了想说："那下次你拒绝别人的时候，能不能稍微委婉一点儿，比如你可以这样说：'小弟弟，你先玩一会儿，等我们玩完这个游戏，再去找你玩可以吗？'你这样跟小弟弟讲话，小弟弟是不是就舒服多了？"程程听完我的话，认真地点了点头。从此以后，程程明白了一个道理：拒绝小朋友也要讲究技巧，不然小朋友会伤心的。

3. 慢慢引导孩子接纳其他小朋友

其实不用家长刻意强调，孩子慢慢自然而然地就会接纳其他小朋友，因为他熟悉的那些小伙伴，不可能总是陪在他身边，总有一些情况下，孩子需要接纳其他陌生的小朋友，大家组合成一个新的游戏团体，共同完成一个游戏。孩子迈出第一步总是很困难，我们可以多鼓励孩子，让孩子主动走过去，加入到新的团队里和其他小朋友一起玩耍。当孩子勇敢迈出了第一步之后，就会变得越来越自信。程程起初也喜欢只和小区里的几个固定的小伙伴一起玩，后来大家由于各种原因不得不分离，迫于现实，程程只好主动去结交新的朋友，慢慢地她的新朋友越来越多，朋友圈子也发生了变化。

从儿童心理学的角度而言，孩子和熟悉的小伙伴在一起玩耍，内心可能更有安全感。与人交往，总是要从熟悉的朋友开始，然后逐渐转向陌生的人，在日积月累的历练中，孩子的性格也会变得越来越开朗，社交能力也会越来越强。当然，这一切，都需要时间的积淀。

混龄玩耍：崇拜年龄大的孩子，控制年龄小的孩子

3岁的孩子开始有了社交需求，他们渴望与小伙伴一起玩耍，而且在选择小伙伴时有一套自己的标准。有的孩子喜欢选择自己熟悉的小伙伴，有的孩子喜欢选择志趣相投的小伙伴。无论选择标准如何，3岁孩子都有一个共同点，那就是面对年龄大的孩子时，他们都带有崇拜和羡慕的心理，非常想加入他们的群体。如果我们把孩子带到游乐园或公园玩耍，就会发现孩子喜欢追着那些比自己年龄稍大的孩子玩。他觉得大孩子玩的游戏项目都非常有趣，非常想和他们一起玩耍。当然，有些孩子在没有找到合适的大龄玩伴时，也会退而求其次，选择年龄较小的孩子，但是他们在与年龄小的孩子一起玩耍时，并不会带有崇拜和羡慕的心理，相反他们会觉得自己作为大孩子，应该在玩耍的过程中起主导作用，因此他们的言行举止中多少会带有一丝威严。

下面，我们一起来看一个案例吧。

3岁的圆圆特别喜欢跟年纪大一点儿的哥哥姐姐玩耍，每次来到公园，她看见身旁的哥哥姐姐玩游戏，眼神里总是充满了羡慕。她会跟在哥哥姐姐后面，模

仿哥哥姐姐的一举一动：别人跑，她也跑；别人停，她也停；别人一起玩游戏，她就乖乖地站在一旁，一脸崇拜地看着他们玩耍。偶尔有一次，哥哥姐姐看到了站在旁边的圆圆，招手让她过来一起玩耍，圆圆开心得蹦起来。在游戏的过程中，圆圆表现得非常顺从，哥哥姐姐让她做什么，她就做什么，总之只要能和大家一起玩，她就乐意配合所有人。

可是，如果在公园里实在找不到熟悉的小伙伴，而且也找不到比她大的哥哥姐姐，圆圆就只能跟比她年纪小的弟弟妹妹一起玩耍，但是在跟弟弟妹妹玩耍的过程中，圆圆会一改顺从的模样，俨然变成了一个游戏的组织者和领导者，她会指挥所有弟弟妹妹的行动，并且拿出大姐姐的权威，让所有的弟弟妹妹都得听她的。

案例中圆圆的行为表现，正是3岁孩子的一种典型社交特点：崇拜年龄大的孩子，控制年龄小的孩子。如果妈妈看到孩子像个跟屁虫一样，跟在年龄大的孩子后面玩耍，别人说什么，他就做什么，那么也没必要站出来维护孩子，因为这只是孩子在崇拜心理的驱使下，做他自己开心的事情而已，他自己并没有被操纵的感觉。当然，当他在跟年龄小的孩子一起玩耍时，你会发现，他说话的语气会变得凶巴巴的，甚至有点颐指气使，这时候父母也没有必要站出来指责孩子，因为他只是调整了自己的角色，在模仿哥哥姐姐的样子，带领弟弟妹妹一起玩游戏而已。

蒙台梭利教育法有一种教学探索，就是把1.5~5岁的幼儿混合在一起教学，她认为这样可以收到更好的教学效果。蒙台梭利认为："5岁幼儿的心智比我们更接近3岁幼儿的心智，他们之间存在着一种精神上自然渗透的作用，这就使幼小的孩子很容易学会那些我们难以传授的事物。"也就是说，5岁幼儿更懂得3岁幼儿的语言特点和心理特点，他们在教3岁幼儿学知识时，能够采用幼儿更容易接受的语言和逻辑交流，从而达到更好的教学效果。

下面，我们来具体看一下这种混龄玩耍的好处。

1. 年龄大的孩子会变得更有责任心

孩子在混龄玩耍的过程中，需要相互配合、相互合作，才能共同完成一项学习任务或者游戏任务。而为了保证任务更加顺畅地完成，年龄较大的孩子会自觉地承担起指挥者和引导者的责任，他们在完成任务的过程中，会对整个任务的方向和进度有一个相对成熟的把控。从这个角度而言，年龄大的孩子在混龄玩耍或学习的过程中，责任心能够得到进一步加强，他们可以学习如何更好地照顾弟弟妹妹，也懂得用弟弟妹妹更容易理解的方法去沟通。

2. 年龄小的孩子更容易学会尊重别人

在混龄游戏中，年龄大的哥哥姐姐承担着指挥者的角色，而为了保证游戏或任务的顺利进行，年龄小的弟弟妹妹则要学会尊重年龄大的孩子，他们需要调整自己的行为或思维方式，以便更好地配合年龄大的孩子共同完成任务。因此，在这个过程中，年龄小的孩子学会了尊重别人，尊重规则，这对孩子的成长而言也是一件有益的事情。

鉴于此，我们应该给孩子自由选择玩伴的权利，无论他与年龄大的孩子或年龄小的孩子如何相处，扮演什么样的角色，这都是孩子积极调整自己，更好地融入群体的尝试，父母应该感到欣慰，而不是担忧。

灵活善变，懂得使用社交技巧达到目的

随着社交范围的扩大，孩子的社交技巧越发熟练，他再也不是从前那个依偎在妈妈身边，想让妈妈替自己找玩耍伙伴的小宝宝了。相反，看到喜欢的玩耍对象，不用妈妈催促，他自己就会想办法主动接近小朋友。在社交这方面，孩子有着天生的能力。

程程2岁半时，已经有了社交需求，我带她去公园玩，她看见喜欢的小朋友，很想跟别人一起玩，却有些不好意思，于是站在我身边犹豫不决——既想主动走过去跟别人打招呼，又害怕被别人拒绝。那时候，我还有些担心程程是否缺乏社交技能，没想到后来她在我的鼓励下变得越来越勇敢了。

我仔细观察了一下，为了找到合适的游戏伙伴，她比我想象得要勇敢、聪明。

出门前，我会给她带一些水果或零食，来到公园，程程看见喜欢的小朋友，就会走过去给人家递水果或零食，然后问别人一句："请问，我可以跟你一起玩吗？"如果别人回答"可以"，程程就会开心地与对方玩很久，如果不幸被别人拒

绝了，程程就会拿着水果和零食继续寻找下一个游戏伙伴。

你看，孩子在社交这方面是无师自通的，只要父母多鼓励他，孩子总会迈出社交的第一步。当然，父母在孩子社交的过程中，除了要多鼓励孩子之外，还应该发挥父母的特长，做好孩子的"神助攻"，帮助孩子多结交一些好朋友。那么，父母可以在哪些方面帮助孩子呢？

1. 外出多准备一些零食

对两三岁的孩子而言，零食是最好的社交礼物，如果碰到陌生的小朋友，妈妈可以鼓励孩子走过去，让他主动给小朋友递一些水果或零食，然后问对方一句："小朋友，我可以跟你一起玩吗？"一般情况下，对方只要接受了孩子的零食，都愿意跟他一起玩。所以，妈妈们平时带孩子出去时，不妨多给孩子准备一些水果和零食，孩子带着水果和零食跟小朋友打交道，相对会容易一些。

2. 外出多带一套玩具

除了零食，玩具也是很好的社交工具，妈妈平时带孩子出门的时候，不妨多给孩子带一套玩具，比如，带沙滩玩具的时候，可以多带一把铲子，多带一个模型等。如果在沙池碰到忘记带玩具的小朋友，正好可以让孩子跟小朋友一起分享玩具，这样的话孩子很快就能找到一起玩的小伙伴了。我们平时带二女儿希希出门时，都会在包里准备两个小球、两把铲子，以及好几个沙滩模具，就是为了方便希希主动跟小朋友分享玩具。

3. 父母可以主动参与孩子的游戏

社交能力是需要培养的，有时候孩子很想和其他小朋友玩，但又不知道用什么办法去接近对方。那么，我们平时在日常生活中，就可以有意识地引导孩子学习一些与人交往的技巧，比如，孩子在客厅里玩过家家的游戏，我们可以主动走过去问孩子："宝贝，你这个游戏很好玩，我可以加入吗？"我们询问孩子的过程，也是让孩子学习社交技巧的过程，下次孩子如果看见别人正在玩游戏，而他又很想加入的话，就会回想起父母的做法，主动走过去询问对方："小朋友，你们的游戏很有趣，我可以加入吗？"

4. 教会孩子使用礼貌用语

为了让孩子更好地融入群体，多结交一些小伙伴，父母在日常生活中可以多教孩子使用礼貌用语，比如"请问""谢谢你""对不起"等，熟练使用这些礼貌用语，是孩子必备的社交技能。在公共场合，大家都喜欢跟有礼貌的孩子一起玩耍，那些喜欢说脏话，喜欢动手打人的小朋友，很容易被大家孤立。

总而言之，3岁的孩子社交能力有了明显的进步，他们不再像从前那样，出去玩耍总是紧紧地跟着大人，而是有了结交小伙伴的意愿，渴望能融入集体，跟大家一起玩耍。这时候，父母应该努力成为孩子的"神助攻"，帮助孩子多掌握一些社交技能，以便让他更好地融入集体。

3岁孩子打人、咬人的 3 个原因

　　2 岁孩子喜欢动手打人，一方面是因为他们的乳牙正在不断萌发，牙根发痒，因此变得喜欢咬东西或者咬人；另一方面是因为孩子不懂得社交技巧，会本能地用打人、咬人的方式去解决社交冲突。但是，如果孩子到了 3 岁，还依然出现频繁打人、咬人的现象，爸爸妈妈就应该重视这个问题了。

　　3 岁孩子依然处在以自我为中心的阶段，想要得到什么东西，立即就要得到满足，稍有不顺就会通过动手打人的方式来解决问题。但是，3 岁与 2 岁孩子的不同之处在于，3 岁的孩子已经具备了社交萌芽，能通过交换玩具、零食等行为进行初步的社交活动。这时候，父母就不能再无视孩子打人的行为，而应该通过科学的教育和引导，让孩子学会正确地与人交往的规则。

　　一般而言，3 岁孩子打人的原因主要有以下几点。

1. 嫉妒心和自尊心作祟

　　3 岁孩子已经有了强烈的嫉妒心和一定的自尊心，如果父母总在孩子面前表扬别的小朋友，而批评他的话，他的嫉妒心和自尊心就会被激发出来。下次，当他与得到表扬的小朋友一起玩耍时，就会把心中的不满发泄在对方身上，常见的表现形式就是在游戏的过程中，趁大人不注意，赶紧打对方一下或推对方一把。程程小时候，经常和一个同龄的小伙伴在一起玩耍，小伙伴比较淘气、不老实，他的妈妈每次总当着孩子的面说："你看程程多乖、多听话，就你淘气、不懂事。"我发现，当小男孩的妈妈表扬程程而批评他的时候，他的脸上就会表现出极大的不满，此后在游戏的过程中，小男孩就会时不时地推程程一把，趁机发泄他心中的不满。关于这一点，家长们要格外注意，千万不要当着别的孩子的面去贬低他，表扬别的孩子，这会让孩子的自尊心受到很大的伤害，进而把这种伤害转化为一种嫉妒和不满，从而发泄到其他小朋友身上。

2. 孩子喜欢模仿他人的行为

如果孩子在日常生活中总能看到打人行为，慢慢地他就会模仿这种行为，进而做出攻击他人的举动。

有位妈妈说：她的女儿有一次被一个淘气的小男孩打了两巴掌，从那以后她的女儿就知道了巴掌的威力，于是只要遇到不顺心的事情，她就会通过打别人来发泄情绪。这位妈妈说，哪怕是有别的小朋友从孩子身边经过，稍微靠近她，她也会做出攻击对方的行为。

因此，我们应该尽量给孩子提供一个相对安全、文明的生活环境，无论是在家里或者在外面，都应该让孩子远离这些攻击行为，否则孩子会慢慢地模仿这种行为，变得喜欢动手打人。如果孩子平时的玩伴里，有特别喜欢动手打人的小伙伴，妈妈最好带孩子暂时远离对方。

3. 负面情绪无法正常排解

3岁的孩子，已经具有初步的同理心和共情能力，但这些能力还比较弱，多数情况下，他还是以自我为中心，无法做到换位思考，感同身受。因此，在与人交往的过程中，孩子稍有不顺或不满，就会陷入到负面情绪里无法走出来。这时候，父母对孩子的情绪和情感的引导就显得非常重要了。

英国心理学家比昂提出过一个著名的"阿尔法功能"理论，他把情感分为两种，分别是"忍受得了的"和"忍受不了的"。"忍受得了"的情感是 α 元素，"忍受不了"的情感是 β 元素，把 β 元素转换成 α 元素的功能，是一个人非常重要的情绪调节能力。孩子的情感功能比较弱，当他陷入负面情绪时，感觉这种情绪是忍受不了的，但是他又没有能力把这种忍受不了的情绪转化成一种可以忍受的情绪，于是孩子就会通过攻击行为来发泄自己心中的不满。此时，妈妈的引导作用就显得非常重要了，比如孩子很生气时，聪明的妈妈会跟孩子说："宝贝，你和小朋友发生了不愉快，现在一定很生气吧？""那里还有更好的玩具，我们去换一个玩具玩吧！"……

妈妈通过一步步的教育、引导，先是把孩子模糊的负面情绪进行了具体化，比如定义为"生气""难过""伤心"等等，让孩子清晰地认识到了自己的负面情绪是什么，然后再通过转移注意力的方法，把孩子从负面情绪的泥潭里拉出来，逐渐把孩子不能承受的负面情感变成了逐渐可以接受的情感，这样孩子的情绪就会慢慢恢复正常。

总之，当我们了解了孩子打人行为背后的原因之后，就可以有针对性地进行疏导了。如果孩子是因为嫉妒心作祟，喜欢攻击比自己优秀的小朋友，那么妈妈就要注意自己的说话方式，不要贬低孩子，表扬对方；如果孩子喜欢模仿大人的动作，父母就应该尽可能地把不好的动作隔绝在孩子的成长环境之外，不要给孩子提供模仿的机会；如果孩子无法理解自己的情绪，无法排解自己的情绪，父母就应该展现出强大的情绪处理能力，逐步把孩子不可承受的情绪转化为可以承受的情绪。如果父母做了很多引导，孩子依然无法改变动手打人的习惯，那么父母就要采取进一步的措施，对孩子的行为进行适当的惩罚，促使他改正。

第12章

把成长危机变成转机——引导 3 岁孩子的技巧

如果我们能换个角度去看待一个成长中的孩子，那么再"恐怖"的孩子，也会变得可爱起来。在孩子跌跌撞撞地成长的过程中，父母应该做的就是好好地保护孩子，努力把孩子行为上的"危机"转变成他成长的契机。

收好一些不想让孩子碰到的物品

3岁的孩子非常淘气，且缺乏安全意识，我们除了慢慢引导孩子注意安全之外，还应该及时收好家里的危险物品，确保孩子的活动空间安全。程程小时候，有一次不小心伤了手指，我们带她去医院包扎的时候，碰见很多在家里玩耍而受伤的小孩——有的额头磕伤了，有的脸颊划了一道口子，有的小腿骨折了。听医生说，每天都会有许多孩子因为各种各样的外伤来到医院治疗，这些外伤大部分都是孩子在家里玩耍的时候不小心磕碰或摔倒导致的。

2021年3月的一天，江西一位3岁的女孩悦悦拿着铅笔在家中的院子里玩耍，不小心摔了一跤，导致铅笔插入了左眼下眼眶，伤及颅内，生命垂危。孩子的爸爸说悦悦刚刚满3岁，准备9月1日送去幼儿园。当时孩子的爷爷奶奶正在家里教她写字，可是悦悦拿着铅笔四处跑着玩，不小心摔了一跤，导致铅笔直接插进了眼眶。

2021年12月，湖南长沙一名3岁男孩小天在家中与表哥玩耍时，背部被表哥不慎用剪刀戳伤。父母发现后，立刻将小天送往当地医院治疗。可是几天后，小天背部伤口处隆起了一个包块，正常行走也受到了影响，父母发现情况不对，急忙将小天转至湖南省儿童医院。经过医生检查发现，小天背部的包块里是脑脊液，需要立即进行手术。

小天妈妈说："当时两个孩子在房间里面玩，我们突然听到哭声，然后他们说受伤了，是用剪刀弄伤的，剪刀本来是挂在墙上的，被他们拿下来了。"

3 岁的孩子正处于活泼好动的时期，即使父母时刻盯着孩子，也无法保证孩子的安全。因此，最稳妥的方式是把家里所有危险物品都清查一遍，然后收好。那么，对孩子而言，常见的危险物品有哪些呢？我们一起来看看吧。

1. 大块的坚硬积木

我们在给孩子买积木时，最好选择那些棱角光滑的积木，以免孩子在走路或跑步的时候不小心摔倒，眼睛磕在积木锋利的边角上，带来严重的后果。我周围就曾发生过这样的事情，我们小区一位孩子的奶奶说，她的孙子在家里玩耍的时候，不小心摔倒在积木堆里，结果脸颊被积木锋利的尖角扎破，伤口很深。我回到家之后，赶紧把积木检查了一遍，把那些棱角锋利的积木收了起来，又给孩子买了一些边角光滑的积木。

2. 锋利的边角要包上防撞条

家长应该检查一下家里的家具边角，看看是否锋利，如果锋利的话，应该买一些加厚的防撞条，把所有家具的边角都处理一遍，以免孩子在走路或奔跑的过程中，不小心磕碰到边角上受伤。除此之外，窗户边缘、楼梯的边角，还有墙面拐角处，都是极易发生磕碰的地方，家长也要认真检查一遍，及时贴上防撞条。

3. 铁质的柜门把手应及时更换

3 岁的孩子非常喜欢探索未知的领域，他们总喜欢用手去打开柜子或抽屉，看看里面究竟藏着什么。如果柜门把手是铁制的，孩子在打开它们或碰到它们的时候，就有可能受伤。所以，父母最好购买一些塑料材质的柔软把手，来替代这些铁质把手。我们家里所有的厨房把手还有柜门把手，都被我换成了橙色的塑料把手，这些把手摸上去软软的、滑滑的，很安全。

4. 家里的首饰要及时收起来

每个家庭都有一些首饰，这些首饰不仅质地坚硬，而且造型美观，很容易引起孩子的兴趣。当孩子拿到这些首饰之后，觉得非常好玩，就喜欢把它们塞到看不见的地方，甚至塞进嘴巴里去咬一咬，看看这些东西究竟有多硬。孩子一旦把这些首饰吞进肚子里，就会导致非常严重的后果。因此，父母一定要及时把这些首饰收起来，放在孩子够不着的地方，以免孩子受伤。

5. 把剪刀和小刀收起来

每个家庭都都有剪刀或小刀之类的工具，孩子发现之后，就会把这些小刀或剪刀拿在手里把玩，一旦不小心就很容易扎伤自己。所以，为了避免出现这些问题，父母应该及时把家里的剪刀和小刀收起来，放在孩子够不着的地方。厨房刀具一旦用完，就要及时收起来，以免被孩子拿到。在我们家，我们对此会格外小心，即便是女儿小时候做手工用的小剪刀，我们也会及时把它收好，女儿要用剪刀时，需要经过我们同意才可以使用，而且必须是在我们的视线范围内使用。

除了以上这些危险物品之外，家里的电源插座，还有尖锐的铅笔等日常用品，也应该及时收起来，以免对孩子造成伤害。当我们给孩子提供的环境越来越安全时，孩子自由活动的空间相应地也越来越大。当孩子能在一个安全的环境里自由自在地玩耍嬉戏时，他的各方面能力都会快速地得到提升。

"约法三章"，给孩子定规矩

俗话说：无规矩不成方圆。即便是 3 岁的孩子，也需要在一定的规则内活动，这样孩子才能更加健康、快乐地成长。

我们在公共场合，经常会看到一些不遵守规则的孩子，他们不听大人的劝告，想怎么玩就怎么玩，结果把公共场所的秩序搞得一团糟，大家谁都玩得不开心。

我带着女儿希希来到一个室内游乐场玩耍，一位奶奶带着 3 岁左右的小男孩也在这里玩。小男孩的奶奶说孙子刚满 3 岁，再过几个月才能正式上幼儿园，所以现在每天只能在这里玩一会儿。

游乐场有个"捞小鱼"的游戏，池子里面有一些红色的小鱼，孩子们可以用渔网把小鱼捞到旁边的水桶里，再把小鱼放进水池里。但是这个小男孩非常淘气，别人捞鱼时，他总是往里面扔玩具，工作人员劝告了他好几遍，他都不听。周围的家长都用不满的眼神看着小男孩，小男孩的奶奶却不为所动，总是笑呵呵地说："我家孙子太淘气，管不住。"

大家从小男孩奶奶的笑容里，看到了她对孙子的宠溺，却看不到一点愧疚。

我想说的是，一个 3 岁的孩子，家长应该适当地对他进行教育和引导了，至少要让孩子遵守一些基本的社会规则。遗憾的是，这个小男孩的家长或许并没有意识到规则的重要性，他任由孩子为所欲为，这对孩子未来的发展是没有好处的。

在孩子成长过程中有三种错误的教育方式，会对孩子的成长带来不好的影响。这三种错误的教育方式，分别是：绝对权威、过度溺爱和放任不管。

在一个绝对权威的家庭环境里，父母对孩子的要求极为严苛。父母本身就是孩子的规则，父母说什么，孩子就得听什么，不允许孩子有任何反对的意见，在这种教育方式下长大的孩子，极度缺乏安全感，也没有自信。如果父母对孩子过度溺爱，就会让孩子变得自私霸道，凡事以自我为中心，而不顾及别人的感受。而在一个放任不管的家庭中，孩子会像野草一样野蛮生长，没有人告诉他什么是正确的，什么是错误的，孩子就很难形成正确的世界观、人生观和价值观。

其实这三种错误的教育观念和教育方法都有一个共同的特点，那就是不遵守孩子的成长规律和社会规则。父母本身或孩子本身的喜好，就是做事的规则，但这种教育方式对孩子的成长十分不利，一旦孩子走出家庭，进入社会，就会变得非常被动。

所以，在孩子小时候，我们应该给孩子制定一些行为规则，这些规则应该具有一定的包容性和开放性，它适用的范围越广泛，孩子的行为就越有度。比如，"公共场合不能大声喧哗"，这是一个很重要的行为规则，能够遵守这个规则的孩子，无论在任何公共场合，都不会成为那个大声喧哗、干扰别人的"讨厌鬼"。再比如，"别人的东西不能拿"，也是一个很重要的行为规则，我们要告诉孩子，自己想要的东西，要靠自己的努力去获得，而不能去拿别人的，因为这种行为是非常可耻的。如果孩子明白了这个规则，那么他在日常生活中，就会洁身自好。

我认为，教育的真谛就是找到孩子的行为界限在哪里——让孩子知道什么事可为，什么事不可为；什么事当为，什么事不当为。我们终其一生去教育孩子、引导孩子，最终的目的就是帮助孩子找到行为的界限在哪里。

女儿 3 岁左右时，我们给她制定了很多规则，比如，"借用别人的东西要经过对方的同意""公共场合不能大声喧哗""自己讨厌的事情不要强迫别人去做""自己的事情自己做"，等等。每个孩子都需要这样的行为规则去约束自己。

我们希望女儿的成长能在一个既有爱又有边界的环境中进行。我们不停地告诉女儿，我们很爱她，但与此同时我们也会告诉她，爱是有原则和底线的，她应该清楚自己行为的界限在哪里，不要因为被父母宠爱而放纵自己的行为。总之，我们在爱孩子的同时，一定要记着给孩子制定一些合理的规矩，让孩子在感受爱的同时，知道自己行为的界限在哪里。

温柔地引导孩子，尽量不要发脾气

3岁左右的孩子，正处于人生第一个叛逆期，他觉得自己是个小大人了，凡事都喜欢与父母对着干，以此来彰显自己的独立。这种情况下，面对一个处处与父母对抗的孩子，的确让人很头疼。但无论多么头疼，父母都不应该呵斥孩子，因为这只会让孩子对你的要求更加反感。

有一次，我带女儿希希去游乐场玩，遇到一个3岁多的小男孩。小男孩非常淘气，妈妈对他也束手无策。沙池区要求脱鞋才能进入，男孩不听工作人员的要求，非要穿着鞋进去，在众人不理解的目光中，他的妈妈硬着头皮站起来，一把扯掉男孩的鞋子，直接把男孩塞进了沙池里。

没想到，妈妈的这个举动让男孩更加逆反，他径直从沙子里跑出来，把妈妈放好的鞋子翻出来，怒气冲冲地扔到了沙池里，然后狠狠地瞪着妈妈，一副"你能把我怎么样"的架势。妈妈气急了，一把扯过小男孩，揪着他的衣领吼道："给我捡起来，听到没有？"男孩红了眼眶，依然狠狠地瞪着妈妈，两个人这样僵持了很久。最后，还是工作人员走过来帮男孩捡起鞋子，然后安慰了妈妈几句，才将这场冲突化解了。

看到这个例子，有的人会说：男孩妈妈的做法没错啊，碰到这么淘气的孩子，光靠温柔地劝说有什么用呢？的确，温柔的话语，在一个淘气的孩子身上，可能作用微乎其微，这远不如狠狠呵斥他几句效果好。不可否认的是，采用以暴制暴的方式，的确能在短时间内震慑住一个非常淘气的孩子，但是从长远来看却无法总是这么做。因为孩子总会长大，直到有一天，他再也不惧怕我们的拳头和威慑时，我们又该采取什么样的办法去管教孩子呢？

我曾经遇到过一个孩子的爸爸，他说自己的孩子总是淘气不听话，每次他都忍不住发脾气，甚至动手打孩子。然后我问他："你能一直靠发脾气或动手打他来解决问题吗？孩子每一天都在长大，总有一天，他会变得比你更强壮、更有力，等到那个时候，他还会怕你吗？"孩子的爸爸听完我的话，无言以对。

"润物细无声"，我们要相信，温柔的话语和耐心的教育，会像和风细雨一样滋润孩子的心灵。我非常羡慕那些遇到棘手的问题，也能平静地坐下来和孩子沟通的家长，亲子双方坐在那里，你一句，我一句，心平气和地交流，直到达成一个共识。而不是你吼一句，我吼一句，大家争个面红耳赤不欢而散，或者谁吵得最凶就听谁的意见。

真正的家长权威，不是吼出来的，也不是揍出来的，而是遇事以理服人，心平气和地和孩子沟通，慢慢树立起来的。采用发脾气、打骂等粗暴的教育方式对待孩子，表面上看可以取得立竿见影的效果，但从长远来看会对孩子的身心健康造成一定的伤害，得不偿失。而采用温柔的教育方式跟孩子交流，短时间内可能效果并不明显，但是随着孩子心智的逐渐成熟，它所产生的教育效果将会越来越明显。因为，在你温柔说话的时候，孩子起码愿意坐下来，认真听你说上几句话，而你一旦发脾气，孩子满脑子想的都是如何反抗你，又怎么能解决问题呢？所以，无论何时，我们都要明白一个道理：如果想让孩子听你说的话，首先得让孩子愿意坐下来听你说。

把孩子的淘气，变成成长的契机

3 岁的孩子非常淘气，狗见了都要绕道走，可见他们有多"恐怖"。3 岁的孩子每天精力爆棚，无时无刻不在吵闹、折腾，一刻也不闲着；3 岁的孩子每天吃饭、睡觉时，父母都要跟他斗智斗勇，简直像打仗；3 岁的孩子还不知道利害，家长一不注意，他就有可能爬上窗台，准备往下跳……总之，3 岁的孩子随时都能把你惊出一身汗来。因此，父母提起 3 岁的孩子，总是头疼多过欣慰。

但是，正因为身为父母，我们在孩子成长的几个特殊阶段，才更要保持足够的耐心和热情，陪伴孩子度过这些"让人头疼"的时光。要知道，一个能够得到父母热情回应的孩子，才会对事物始终拥有探索的热情和积极性。

伦敦大学的卡特琳娜·别古斯曾经做过一个"指向游戏"。别古斯分别选取了两组 16 个月大的婴儿，然后分别跟这些婴儿进行了完全不同的互动。当她和第一组婴儿待在一起时，她会热情回应婴儿所指向的东西，还会与婴儿一起熟悉这些物品的名称和功能。当她和第二组婴儿待在一起时，对婴儿的指向采取了冷漠的态度，有时候婴儿指向什么物品，她甚至还会故意说错。后来，她发现，得到热情回应的婴儿，他们指向物品的频率，要比被冷漠对待的婴儿指向物品的频率高得多。

别古斯的"指向实验"告诉我们，父母的关注和回应，能够让孩子对某一事物或事件保持持久的热情和兴趣。当孩子用面粉"下雪"，用牙膏擦脸，用极大的热情去探索这个世界时，我们应该给予孩子热情的回应和配合，而不是一味地指责孩子淘气。

3岁之前，正是孩子的各项能力飞速发展的阶段，他的观察力、想象力、创造力等，都在这个阶段得到长足的进步。因此，在这个阶段，我们应当保护孩子千奇百怪的探索欲望，让孩子的天性得到充分发挥。

我们可以给孩子多买一些积木、拼图等益智玩具，让孩子在玩耍的过程中，更好地理解圆形、方形、三角形等图形概念；我们带孩子外出时，可以给孩子留一些自由观察的时间，让孩子看看路边的花草和树木；走在大街上，我们可以引导孩子多观察路边房屋等建筑的形状，让孩子形成一些基本的空间概念；遇到合适的物品，我们还可以让孩子去观察它的大小、数量、长短和粗细，进一步开发孩子的数学能力；我们还可以给孩子买一些卡片或绘本，带领孩子一起阅读；还可以陪孩子一起进行涂鸦、绘画、折纸，让孩子的手眼协调能力得到更好的锻炼。

事实上，我们剥夺了孩子"淘气"的机会，就等于剥夺了孩子提升各项能力的机会。所以，我们不要把孩子的淘气想象得有多么"可怕"。

孩子把纸张全部剪成碎纸屑，也许只是想试试剪刀有多锋利；孩子从沙发上跳上跳下，也许只是想试探一下沙发的弹力；孩子蹲在路边一动不动，有可能只是想看看蚂蚁是怎么搬家的。所以，当孩子有以上行为时，我们不要阻止孩子，只要做好保护工作就可以了。

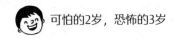

妈妈的情商决定孩子的未来

　　在一个家庭中，妈妈的情商很重要。在教育3岁的孩子时，妈妈的态度和回应方式，将会对孩子的性格产生很大的影响。面对一个淘气的孩子时，如果妈妈总喜欢大吼大叫，那么孩子耳濡目染就会模仿妈妈的样子，选择用大喊大叫的方式处理问题。如果妈妈性格温柔，面对一个淘气的孩子也能不急不躁、心平气和，那么孩子也会慢慢习得这种处理问题的方式和态度。

　　美国教育心理学家曾得出过这样一个结论："母亲的情绪对孩子的影响最为直接，也最有力度，因为只有这个角色与孩子'合体'的时间最长。"因此，想要让你的孩子变得聪明又可爱，妈妈就一定要学会管理好自己的情绪，做好家庭情绪的纽带。如果妈妈每天开开心心，那么家庭中的每个成员都很容易受到妈妈的情绪感染，变得开心、乐观。如果妈妈整天愁眉苦脸，随便一件家庭琐事都会情绪崩溃，那么家庭中的其他成员也会变得情绪压抑。

　　有这样一位妈妈，她的工作压力很大，脾气也很暴躁。有一天，她下班回家，在电梯里无意中瞥见了镜子里的自己，那是一副怎样的面孔啊——愁眉苦脸，眉头紧锁，任何人看见这么一张充满负能量的脸，都很难开心起来。那一瞬间，她突然明白了一个道理，每天晚上回到家里，家里就会变得气氛压抑，可能就是因为自己总耷拉着脸吧。只要她一进家门，孩子看见她，就像老鼠看见猫一样，爱人看见她，大气也不敢出一下，生怕说错一句话，让她发脾气。

这位妈妈决定改变自己：白天无论工作压力多大，只要走进电梯，她就会对着电梯里的镜子舒缓一下自己紧张的情绪，努力地笑一笑，让自己的那张脸看起来温柔一点儿。慢慢地，她发现，随着自己越来越温柔，孩子好像也没那么害怕自己了，有时候还会依偎在妈妈的怀里说说悄悄话，老公做家务的时候，竟然也会开心地哼着小曲，整个家庭看上去都充满了欢乐。

看待一件事就像看一面镜子，你冲着镜子微笑，镜子里的人也会冲你微笑，你冲它愁眉不展，它也不会给你笑脸。这个道理告诉我们，面对"恐怖"的3岁孩子，当你心平气和、温柔如水地看着他成长时，他也会如沐春风，静谧而幸福地长大。

聪明的妈妈知道，孩子身上有很多成长的空间和可挖掘的潜力，妈妈需要做的事情就是接纳孩子，并且不断地鼓励孩子发挥潜能和创造力。因此，一个高情商的妈妈不会因为孩子的淘气而怒不可遏、暴跳如雷，而是会温柔以待、合理引导。现在的我，无时无刻不在提醒自己：你是一个妈妈，不要随便发脾气，要给孩子做一个好榜样。当然，我也是个普通人，总会有情绪崩溃的时候，每到那时，我都会暗示自己：发脾气并不能改变什么，只会让事情变得更糟糕。这样一想，我的情绪就会慢慢平静下来，等情绪稳定之后，我再想办法处理孩子的问题。我知道，父母是孩子的一面镜子，如果我想让他成为更好的孩子，首先我得让自己成为更好的妈妈。